Una de las cosas maravillosas del feng shui es que hay un remedio para prácticamente todo.

—Richard Webster

Convierta su apartamento en un "hogar" feng shui en vez de un sitio para sólo dormir en la noche, y observe como se eleva su energía y entusiasmo. Si vive en un apartamento, un apartaestudio o en acogedor dormitorio, puede hacer cambios sutiles que podrán transformar su vida. Los que practican feng shui notan marcadas mejorías en general; el amor, el dinero, la profesión, la familia, la salud e incluso en el reconocimiento que reciben por sus logros. Este último libro de la serie *feng shui* de Webster se concentra en la forma como usted puede incrementar la energía armoniosa en su apartamento con un costo muy bajo o tal vez ninguno.

Aprenda a seleccionar el apartamento adecuado. Averigüe dónde están las cuatro direcciones positivas y las cuatro negativas, y como evitar que su cama apunte hacia la localización del "desastre". Descubra los mejores sitios para otros muebles, y cómo remediar las áreas negativas con plantas, espejos, cristales y campanas de viento. También aprenderá a evaluar situaciones del feng shui para los demás. Adopte este antiguo arte en su forma de vivir y maravíllese del futuro que le espera.

El autor

Richard Webster nació en Nueva Zelanda en 1946, lugar donde aún reside. Viaja frecuentemente alrededor del mundo, dando conferencias y conduciendo talleres sobre temas psíquicos. Ha escrito muchos libros sobre estos temas y además escribe columnas en revistas.

Richard está casado y tiene tres hijos; su familia apoya su ocupación, pero su hijo mayor, después de observar la carrera de su padre, decidió convertirse en contador.

Correspondencia al autor

Para contactar o escribir al autor, o si desea más información sobre este libro, envíe su correspondencia a Llewellyn Worldwide para ser remitida al autor. La casa editora y el autor agradecen su interés y comentarios en la lectura de este libro y sus beneficios obtenidos. Llewellyn Worldwide no garantiza que todas las cartas enviadas serán contestadas, pero si le aseguramos que serán remitidas al autor.

Favor escribir a:

Richard Webster
℅ Llewellyn Español
P.O. Box 64383, Dept. 1-56718-785-4
St. Paul, Minnesota 55164-0383
U. S. A.

Incluya un sobre estampillado con su dirección y $US 1.00 para cubrir costos de correo. Fuera de los Estados Unidos incluya el cupón de correo internacional.

www.llewellynespanol.com

FENG
SHUI

para el
apartamento

RICHARD WEBSTER

Traducción al idioma Español por
Edgar Rojas
Héctor Ramírez Silva

2001
Llewellyn Español
St. Paul, Minnesota 55164-0383
U. S. A.

PRIMERA EDICIÓN
Cuarta impresión, 2001

Edición y coordinación general: Edgar Rojas
Diseño del interior: Pam Keesey, Amy Rost
Diseño de la portada: Tom Grewe
Caligrafía: Nakaseko Tamami
Ilustraciones interiores: Carla Shale, Jeannie Ferguson
Título original: *Feng Shui for Apartment Living*
Traducción al idioma Español: Edgar Rojas, Héctor Ramírez Silva

Librería del Congreso. Información sobre esta publicación.
Library of Congress Cataloging-in-Publication Data.

Webster, Richard, 1946–
[Feng shui for apartment living. Spanish]
Feng shui para el apartamento / Richard Webster : traducción al español Edgar Rojas, Héctor Ramírez Silva. — 1st ed.
p. cm.
Includes bibliographical references and index.
ISBN 1-56718-785-4
1. Feng–shui. 2. Apartment houses—Miscellanea. I. Title.
[BF1779.F4W42518 1999]
133.3'337—dc21

99–12889
CIP

Llewellyn Español
Una división de Llewellyn Worldwide, Ltd.
P.O. Box 64383, Dept. 1-56718-785-4
St. Paul, Minnesota 55164-0383
U. S. A.
www.llewellynespanol.com

Impreso en los Estados Unidos de América

Dedicación

Para Riley G.,
detective psíquico y buen amigo.

Reconocimientos

Me gustaría expresar mi agradecimiento
a T'ai Lau por su consejo y ayuda.

Contenido

Introducción

Hace miles de años, los antiguos Chinos descubrieron que la calidad de sus vidas mejoraba cuando vivían en armonía con la naturaleza, en lugar de luchar contra ella. Encontraron que la vida era más fácil si sus casas apuntaban al Sur, hacia el Sol candente, y rodeadas por colinas a sus espaldas para protegerlas de los vientos fríos del Norte.

Gradualmente se ensayaron diferentes ideas y, con el tiempo, se establecieron los principios básicos del feng shui. El feng shui se estableció hace unos 5000 años. Nadie sabe exactamente cuándo o cómo empezó; es atribuido a Wu de Hsia, el primero de los cinco emperadores míticos de la prehistoria China.

De acuerdo con la historia, Wu estaba involucrado en trabajos de irrigación sobre el Río Amarillo cuando una gran tortuga salió del agua. Esto fue considerado un buen presagio porque en ese tiempo la gente creía que los dioses vivían dentro del caparazón de las tortugas. Sin embargo, cuando miraron más detalladamente la tortuga, Wu y sus hombres encontraron que las marcas sobre el caparazón formaban un cuadrado mágico dividido en tres secciones perfectas cada lado (**Figura A**). Este extraordinario descubrimiento fue estudiado por los sabios que lo acompañaban durante mucho tiempo. A partir de este hallazgo comenzó el feng shui, el I ching y la Astrología y numerología China; por consiguiente, el feng shui no es un producto de la "Nueva Era"; ha estado presente por miles de años.

En la China hay un dicho que muestra lo importante que es el feng shui para las personas: "primero es el destino y luego la suerte; posteriormente está el feng shui, y por último la filantropía y la educación". Nuestro destino es revelado por el horóscopo, que muestra nuestras fortalezas y debilidades. Es muy difícil definir la suerte, pero los chinos creen que pueden mejorarla trabajando sobre los otros cuatro principios. La suerte puede ser interpretada como un estado de la mente que atrae lo que pensamos. En tercer lugar llega el feng shui, y al practicarlo podemos vivir en armonía con el universo. La filantropía viene posteriormente; los antiguos textos filosóficos y religiosos chinos enfatizaban que debemos dar, desinteresadamente, sin pensar en recompensa alguna. Finalmente, tenemos la educación, que debería ser una actividad a lo largo de toda la vida.

Solo en los últimos veinticinco años el feng shui se ha desarrollado en el Occidente ha descubierto el feng shui. En el pasado, las culturas asiáticas consideraban esta práctica tan importante, que la ocultaron deliberadamente. En los últimos años los asiáticos han emigrado alrededor del mundo, llevando consigo el feng shui a sus nuevos hogares. Hoy día, es probable que usted escuche personas hablando sobre feng shui en San Francisco, Moscú y Buenos Aires como si estuviera en Hong Kong, Kuala Lumpur o Singapur.

4	9	2
3	5	7
8	1	6

Figura A: El cuadrado mágico

Actualmente, no muchas personas pueden vivir en un lugar donde estén mirando al sol, rodeados por montañas y con un arroyo al frente de sus casas. Este ambiente ideal aún es un sueño para la mayoría de nosotros. Millones de personas en todo el mundo viven en edificios de apartamentos, en áreas donde hay escasez de vivienda y sin muchas posibilidades de elección. Muchos se sienten incapaces cuando se trata de mejorar el ambiente de sus hogares.

Usando el feng shui en su apartamento, podrá vivir en armonía con la tierra. Esto le traerá una mayor tranquilidad, felicidad y abundancia en todos los aspectos de su diario vivir.

1
¿Qué es el feng shui?

Feng shui significa "viento y agua" y es el arte de vivir en armonía con la naturaleza. Cuando vivimos de esta manera, nuestras vidas se desarrollan mejor y encontramos más fácil alcanzar nuestras metas. Donde vivimos y la forma como arreglamos cada habitación de nuestra casa puede marcar una enorme diferencia en la calidad de nuestra vida.

Por un tiempo, mi familia vivió en un apartamento en un sector pobre de la ciudad. Debido a que el área era un terreno bajo, durante los meses de invierno se cubría con una densa niebla por las mañanas. Cuando el viento soplaba desde cierta dirección, la niebla se tornaba de un color amarillento y levantaba un repugnante olor desde los estanques de aguas residuales ubicados a varias millas. Siempre estuve desalentado y desmotivado durante el tiempo que viví en ese vecindario. El lugar ejercia un tremendo efecto sobre mi vida. Cuando mejoró la fortuna de la familia, nos mudamos a una parte de la ciudad mucho mejor e inmediatamente observamos que teníamos más energía y entusiasmo. La localización negativa había minado nuestra energía, mientras que la ubicación nueva y positiva, la incrementó.

No siempre podemos cambiar nuestra localización física, pero podemos hacer cosas dentro de los apartamentos para mejorar el feng shui. Cuando convertimos los apartamentos en "hogares", en lugar de sólo un lugar para dormir en la noche, estamos en el camino indicado de hacerlos positivos desde el punto de vista del feng shui. Esto puede a menudo ser logrado cambiando la posición de algunos de los muebles o aumentado la luz en una esquina oscura.

Estoy seguro que usted ha entrado a un apartamento e instantáneamente se ha sentido a su gusto. Por otro lado, también se ha encontrado en apartamentos que le dan sensación de incomodidad. El primero estaba bien desde el punto de vista del feng shui; el segundo no. Sin embargo, con unas pocas modificaciones, el segundo apartamento se podría convertir en un lugar tan acogedor como el primero.

Usando el feng shui, podemos sentirnos más "en casa" en nuestro apartamento. Cuando armonizamos y balanceamos el ambiente del hogar, somos más felices, más saludables y más exitosos en cada momento de la vida.

Comenzamos a cosechar estos beneficios cuando aprovechamos y utilizamos la energía ch'i.

Ch'i

Ch'i es la fuerza universal de la vida encontrada en todos los seres vivientes. Se crea de muchas formas. El agua fluyendo suavemente provee un abundante suministro de energía ch'i. Esto explica por qué nos sentimos rejuvenecidos después de pasar un tiempo al lado de una fuente, estanque, río o lago. La brisa suave también atrae al ch'i; sin embargo, vendavales fuertes y huracanes lo alejan de la misma forma que los torrentes crujientes de agua. Cuando el ch'i se aleja se lleva consigo toda la buena suerte.

Todo lo que se hace con perfección también crea ch'i; por consiguiente, un músico experto crea ch'i cuando toca su instrumento e igualmente lo hace un atleta cuando logra su mejor rendimiento.

La naturaleza crea ch'i todo el tiempo. Naturalmente los lugares hermosos, como picos de montañas o majestuosos campos crean y estimulan el ch'i. Un practicante anónimo del siglo XVII describió el ch'i como la energía encontrada en un lugar donde "las colinas son bellas, las aguas agradables, el Sol imponente, la brisa apacible y que el firmamento impecable; otro mundo. En medio de la confusión, se encuentra la paz. Con su presencia nuestros ojos se abren y nuestro corazón se alegra. Aquí se acumula el ch'i. La luz brilla y la magia fluye en toda dirección".[1]

El ch'i puede estancarse. Una fuente que se vuelve turbia o contaminada crea "ch'i shar", que es ch'i negativo; esto también causa que desaparezca la buena suerte.

Necesitamos estimular toda la energía positiva del ch'i para que permanezca en nuestros apartamentos y así incrementar la vitalidad y el bienestar.

Yin y yang

El ch'i puede dividirse en yin y yang. Estos son los dos opuestos del universo; el uno no puede vivir sin el otro. El frente y el respaldo son ejemplos de tales opuestos. Si no hubiera frente no habría respaldo. El símbolo del yin-yang es un círculo que contiene lo que parece ser dos renacuajos. Uno es blanco con un punto negro dentro de él (yang), mientras el otro es negro con un punto blanco (yin). El punto demuestra que dondequiera que encuentre yin habrá también un pequeño porcentaje de energía yang y viceversa. El símbolo del yin-yang es el símbolo Taoista del universo (**Figura 1A**).

El yin y el yang son elementos complementarios, en lugar de contrarios. Yin es oscuro, pasivo y femenino; yang es claro, activo y masculino. Juntos crean una combinación armoniosa.

Figura 1A: El símbolo yin-yang

Yin y yang nunca fueron definidos en la antigüedad. En esa época se prefirió crear una lista de diferentes opuestos, y esto es aún un pasatiempo popular en Oriente. A continuación algunos otros ejemplos:

Masculino y femenino

Joven y viejo

Corto y largo

Vida y muerte

Blanco y negro

Dentro y fuera

Extrovertido e introvertido

Padre y madre

Caliente y frío

Verano e infierno

Cielo y tierra

Noche y día

Montañas y valles

El último ejemplo es comúnmente discutido en el feng shui. Si el terreno es muy montañoso, se dice que tiene mucho yang. Si el terreno es totalmente plano se dice que es fuerte en yin. En el feng shui necesitamos el equilibrio; por consiguiente, el terreno que sea demasiado plano puede ser modificado situando cuidadosamente rocas, estatuas o una pagoda. De hecho, las pagodas fueron inventadas como un remedio feng shui para terrenos demasiado yin.

El yin y el yang también se relacionan con el tigre blanco y el dragón verde. El dragón es masculino y está ligado a la energía yang; el tigre es femenino y está asociado a la energía

Figura 1B: El tigre y el dragón

yin. Hay dos escuelas principales de feng shui: la Escuela de
Forma y la Escuela de la Brújula. Esta última usa precisamente un compás para determinar direcciones y localizaciones. La escuela de Forma mira la geografía del entorno, y su
objetivo es identificar el sitio donde puede encontrarse el
dragón; bajo una colina o en el levantamiento de terreno. El
tigre siempre se encuentra al lado del dragón, y donde se
juntan, simbóliza el máximo ch'i (**Figura 1B**).

En los apartamentos necesitamos un equilibrio del yin y el yang. Si todo a su alrededor es blanco, crearía cierta incomodidad. Imaginese que todo en su alcoba es de color negro azabache, ¿cómo se sentiría durmiendo ahí? Por tal razón, necesitamos un balance para crear armonía.

Los cinco elementos

En feng shui usamos los cinco elementos tradicionales de la astrología china: fuego, tierra, metal, agua y madera. Todo en el mundo puede relacionarse con uno de estos elementos. En la astrología china usted tendría la mayoría o todos ellos en su carta natal, ya que su época, día y fecha de nacimiento se asocian con diferentes elementos. Descubra qué elemento se relaciona con su año de nacimiento mirando en el Apéndice 1, al final de este libro.

Fuego
Color: Rojo
Dirección: Sur

El fuego es dinámica, inspiración y entendimiento. Es también motivante, entusiasta e inteligente. Las personas con el elemento fuego necesitan una gran variedad en sus vidas. Si el edificio de apartamentos donde vive es de forma triangular o contiene muchos ángulos agudos y puntas, está viviendo en una construcción basada en el fuego.

Tierra

Color: Amarillo
Dirección: Centro

El elemento tierra es confiable, sincero, formal, leal y amable. Disfruta manejar responsabilidades; es sólido y estable. Las personas que pertenecen a este elemento son felices ayudando a los demás. Si el edificio es cuadrado y bajo se considera que tiene una forma de tierra.

Metal

Color: Blanco y oro
Dirección: Oeste

Sin sorpresa, el metal se relaciona con la abundancia y el éxito material. Además se asocia con el pensamiento claro y la atención hacia los detalles. Las personas con este elemento disfrutan hacer planes y su mejor trabajo se realiza en un ambiente estético. Si la construcción es curva o redondeada, se dice que es formada por metal.

Agua

Color: Negro y azul
Dirección: Norte

El agua se relaciona con la actividad social, la comunicación y gran sabiduría. Es intuitivo y sensible. Las personas con este elemento se interesan por actividades espirituales y disfrutan el aprendizaje. Si el edificio parece no tener una forma definida, quizás porque ha sido modificado varias veces, se considera en forma de agua.

Madera

Color: Verde

Dirección: Este

El elemento madera es creativo, enfocado en la familia y flexible para el acercamiento. Se relaciona con el crecimiento. Quienes poseen este elemento gustan de los desafíos. Si usted vive en un edificio altode apartamentos, se encuentra en una construcción con forma de madera.

Los ciclos

Hay dos ciclos o combinaciones de los cinco elementos: el ciclo de producción y el ciclo de destrucción.

En el ciclo de producción, cada elemento ayuda a producir el elemento que lo sigue: el fuego arde y crea tierra; de la tierra obtenemos el metal; el metal se licúa y simboliza agua; el agua nutre la madera; finalmente, la madera arde y crea fuego (**Figura 1C**).

El ciclo de destrucción hace lo opuesto: el fuego arde y destruye el metal; el metal destruye la madera; la madera debilita la tierra; la tierra drena y debilita el agua; y el agua destruye el fuego (**Figura 1D**).

Podemos incorporar estos dos ciclos en nuestros apartamentos usando los elementos que sean más armoniosos para nosotros.

Por ejemplo, si usted nació en un año de fuego, se beneficiará teniendo plantas en macetas y objetos verdes en su casa (ya que la madera crea fuego en el ciclo de producción). Sin embargo, no necesitaría demasiada agua (acuarios, fuentes artificiales o similares) o artículos negros o

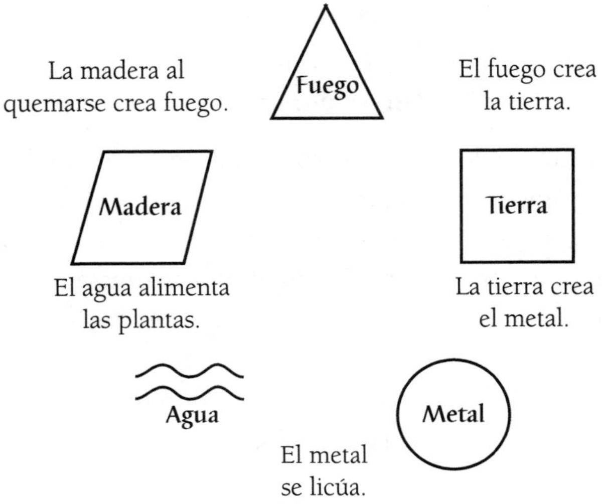

La madera al
quemarse crea fuego.

Fuego

El fuego crea
la tierra.

Madera

Tierra

El agua alimenta
las plantas.

La tierra crea
el metal.

Agua

Metal

El metal
se licúa.

Figura 1C: El ciclo de producción

azules en su apartamento (pues el agua destruye el fuego en el ciclo de destrucción). Sería además muy feliz durmiendo en una alcoba ubicada al lado Sur de la casa (por que el Sur es la dirección que se relaciona con el elemento fuego).

A continuación tenemos otro ejemplo. Si nació en un año de metal, necesitaría objetos de tierra en su apartamento (la tierra produce metal en el ciclo de producción); estos podrían ser cerámica, objetos de alfarería o cualquier cosa de color amarillo. De la misma forma, debería evitar o limitar el rojo (el fuego destruye el metal en el ciclo de destrucción). Disfrutaría mucho dormir en una alcoba al lado Oeste de la casa (la dirección que se asocia con el elemento metal).

En general, usando artículos que se relacionan con su elemento de nacimiento en su decoración interior es benéfico.

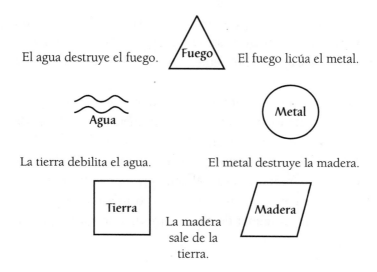

Figura 1D: El ciclo de destrucción

Usted podría lograr su máxima felicidad viviendo en un edificio que se relacione con su elemento o el que lo precede en el ciclo de producción.

Naturalmente, si más de una persona vive en el apartamento, tendrá que acomodar el elemento personal de cada residente. Sin embargo, usted puede descubrir que tiene elementos en conflicto. La respuesta a este problema es usar elementos que pertenezcan a cada residente en las habitaciones más usadas por cada uno.

Hay también un ciclo de reducción que puede ser usado para disminuir los efectos de energías opuestas. Este ciclo es lo mismo que el Ciclo del Producción. Si dos elementos están uno al lado del otro en el ciclo de destrucción, están en efecto, tratando de destruirse mutuamente. Podemos reducir e incluso eliminar estos efectos dañinos encontrando qué elemento está entre ellos en el ciclo de reducción, y usando dicho elemento para balancear y armonizar la situación.

Por ejemplo, si dos personas que viven en el apartamento pertenecieran a los elementos metal y madera, podemos ver desde el ciclo de destrucción que tendrían problemas. Sin embargo, podemos observar también desde el ciclo de reducción que el agua puede rectificar la situación. Por consiguiente, un acuario o una pequeña fuente sería todo lo requerido para permitir que estas personas vivan en armonía.

Shars

Los shars son conocidos a menudo como "flechas venenosas" y son creados por líneas rectas y ángulos agudos que se dirigen hacia usted. Un común ejemplo sería un camino que avanza en línea recta directamente hacia la entrada principal de un edificio de apartamentos (**Figura 1E**). Esto forma un shar que puede afectar la calidad de vida de todos los que viven dentro del edificio.

En la antigua China, se creía que los fantasmas podrían viajar sólo en líneas rectas. He visto puentes ornamentales en China que van en zigzag a través de estanques o pequeños lagos (**Figura 1F**). Lucen muy atractivos y decorativos, pero la razón para que sean así es el feng shui y no la estética; los hacen en zigzag para prevenir que los fantasmas los crucen.

Figura 1E: Shar dirigido hacia un edificio

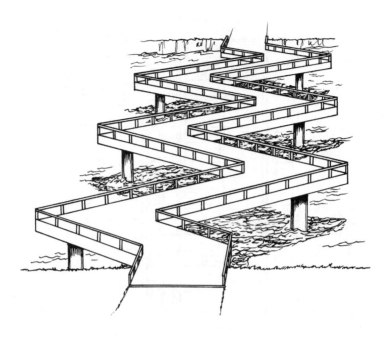

Figura 1F: Puente en zig-zag

Otro ejemplo común de un shar es el ángulo agudo formado por la esquina de una construcción vecina que esté orientada en un ángulo de cuarenta y cinco grados hacia su apartamento; esto envía una flecha venenosa a cualquier cosa en su camino.

Afortunadamente, si un shar no puede ser visto, cesa su existencia. Por consiguiente, si no puede ver la esquina amenazadora, no debe preocuparse. Si puede verla, puede remediar la situación de varias maneras. Puede simplemente mantener desplegadas las cortinas de tal forma que no observe el shar. Alternativamente, puede colgar un pequeño espejo pa-kua para reflejar el shar de regreso a su origen (**Figura 1G**).

Los espejos son de gran importancia en el feng shui. Usualmente son yin o pasivos, pero un espejo pa-kua es yang y agresivo. Esto se debe a que está rodeado por los ocho triagramas del I Ching, que le da poder y energía. Un pa-kua está centrado en una pieza de madera de ocho lados. Este siempre ha sido considerado de muy buen augurio en China.

Los espejos pa-kua son siempre pequeños. Se cree que este tamaño concentra la energía y más importante aún, los

Figura 1G: El pa-kua

hace casi invisibles para las personas que le están enviando un shar.

En Hong Kong, la gente mantiene una guerra de espejos. Alguien ve un shar viniendo hacia él desde un apartamento vecino y cuelga un espejo para enviarlo de regreso. La otra persona observa el espejo y también coloca uno para reflejar de nuevo la imagen proyectada. De un momento a otro, los oponentes tienen diez espejos cada uno, y finalmente es llamada la policía para terminar la disputa. Naturalmente, tan pronto como la autoridad se ha ido el primer espejo aparece otra vez.

Por consiguiente, los espejos pa-kua necesitan ser lo más discretos posible. Realizan su mejor trabajo cuando son colgados en la pared exterior de la construcción, aunque puede tenerlos dentro, si es necesario. La mejor posición es cuando se ubican justo encima de la puerta o ventana que es afectada por el shar.

Ahora usted conoce los términos básicos que son usados en el feng shui. En el siguiente capítulo miraremos cómo usar el feng shui al escoger un edificio de apartamentos.

2

Elección de un edificio de apartamentos

El feng shui es muy útil para muchas situaciones, entre ellas los apartamentos. En nuestro mundo moderno, las carreteras pueden ser relacionadas con ríos y los edificios con colinas y montañas.

Examine los alrededores cuidadosamente cuando esté escogiendo un apartamento. Idealmente, el edificio debería estar protegido en la parte trasera por otro edificio de apartamentos o por colinas. Construcciones similares en cada lado del apartamento también suministran apoyo. Observe con cuidado para asegurarse que no están enviando shar hacia su edificio.

Las edificaciones vecinas deberían ser similares en altura, a la que usted está considerando. Un edificio adyacente que se imponga sobre el suyo se considera amenazante, y después de un tiempo usted se encontraría en una situación cada vez más opresiva. Esta localización es particularmente dañina si el edificio más grande está enfrente de la entrada principal de su edificio (**Figura 2A**). Cualquier objeto grande puede afectar la entrada principal; una valla, una pared de concreto, un transformador eléctrico e incluso una gran colina que se levante directamente en frente de la

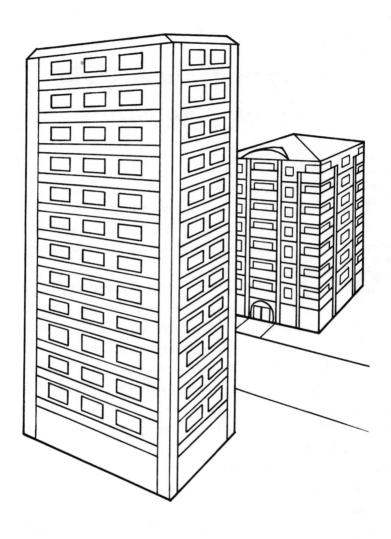

Figura 2A: Edificio grande bloqueando uno pequeño

entrada principal puede afectar la cantidad de ch'i que se pueda acumular frente al edificio donde usted vive.

Su edificio debería estar protegido de alguna forma, por colinas o por otras edificaciones. Un edificio situado en la cima de una colina sin protección en ningún lado es malo desde el punto de vista del feng shui (**Figura 2B**). El viento se lleva todo el ch'i, y el agua se drena cuesta abajo, lejos de la construcción. Recordará que feng shui significa "viento y agua". Necesitamos tanto el viento como el agua, pero en

Figura 2B: Edificio sin proteción

una cantidad modesta. Un edificio situado sobre la cima de una colina está expuesto a todos los elementos, y esto crea "ch'i shar" (ch'i negativo).

Idealmente, la edificación debería ser normal en su forma. Las mejores formas son la cuadrada, rectangular, redondeada y pa-kua (de ocho lados). Las construcciones de forma irregular dan la impresión de una estructura incompleta. Por ejemplo, un edificio en forma de "L" parece como si hubiera sido removida una parte de él.

Asegúrese que la edificación sea agradable estéticamente; esto es importante, ya que los sentimientos por su casa influencian cada área de su vida. Tengo una amiga que nunca invitaba gente a su casa porque la consideraba fea. De este modo, ella se volvía cada vez más introspectiva y solitaria. Su vivacidad retornó tan pronto se mudó a un apartamento de un edificio que consideraba atractivo.

Mire el esquema de color de la edificación y asegúrese que armonice con el ambiente. Ciertos tipos de edificios necesitan destacarse y lucir obvios. Un almacén que necesita llamar la atención de los transeúntes, es un buen ejemplo. Sin embargo, usted no necesita que su edificio sobresalga de esta forma. Idealmente, el color debería armonizar con el color que se relaciona con su elemento personal. Si su elemento es fuego, no se sentiría muy feliz viviendo en un edificio pintado de azul (ya que el agua acaba con el fuego). Sin embargo, disfrutaría vivir en esta construcción si su elemento fuera madera (pues el agua nutre la madera). Similarmente, un edificio amarillo sería bueno para una persona con el elemento fuego (fuego crea tierra), pero malo para alguien del elemento madera (la madera surge de la tierra).

Asegúrese que no hay shars afectando el edificio. El feng shui de toda la edificación necesita ser considerado antes de empezar a analizar su apartamento. Si el edificio no tiene una entrada principal o si usted tiene acceso a su propio apartamento sin usarla, necesitará evaluarla para asegurar que no hay shars afectándola.

Un camino curvo que conduzca a la entrada principal es bueno desde el punto de vista del feng shui. Este acceso debe estar bien iluminado y tener el mismo espesor en toda su extensión. Una entrada en línea recta tiene el potencial de ser un shar y por eso debe ser evitado.

El agua frente a la entrada principal es de muy buen augurio, especialmente si es agua natural. La panorámica de un río, lago o puerto es considerada de gran fortuna. Sin embargo, una piscina de natación, estanque o fuente frente al edificio es también benéfico, ya que crean ch'i positivo y traen suerte y buena fortuna a sus ocupantes. Si hay una piscina, las de forma redonda u ovalada son consideradas las mejores; cuando son cuadradas o rectangulares se crean shars. Una piscina en forma de "riñón" debería parecer como si envolviera el edificio para así proveer protección. La piscina también debe estar de acuerdo al tamaño del edificio. Es importante que el agua sea mantenida limpia. Es mucho mejor que fluya frente al edificio; el agua que pasa tras de él indica oportunidades financieras que no pueden ser aprovechadas.

Observe la vegetación que rodea al edificio. Plantas y árboles que lucen bien indican abundancia de ch'i beneficioso. Flores de colores claros crean y estimulan ch'i, y beneficiarán a todo el que viva en la edificación. Un espacio abierto frente al edificio es extremadamente bueno, ya que permite que el ch'i se acumule y beneficie a los residentes.

El edificio puede tener un área de parqueo. Es mejor que tal área sea externa y no parte de la misma construcción. Los parqueaderos subterráneos son también satisfactorios, pero a nivel de la tierra son considerados negativos en el feng shui. Esto se debe a que el constante movimiento de carros crea una sensación de inseguridad para los residentes en los niveles superiores.

Luego, observe el lobby; debe parecer espacioso y acogedor. Las puertas frontales pueden ser más grandes que lo usual ya que los bloques de apartamentos son generalmente más grandes que la mayoría de las casas. Las puertas sólidas son consideradas mejores que las de vidrio porque simbólicamente dan más protección.

Asegúrese que no hay shars apuntando directamente hacia las puertas frontales. Si el edificio está en un cruce en "T", una vía recta podría avanzar derecho hacia la entrada, creando un shar. Los shars también podrían originarse de edificaciones vecinas o incluso de ramas de árboles que apuntan directamente hacia las puertas. Un shar que se dirige hacia la entrada principal es considerado la forma más potente de ch'i negativo, y es necesario tomar medidas para eliminarlo.

Cerciórese que la edificación tenga una puerta trasera. Los edificios sin ella son de mal augurio desde el punto de vista del feng shui (y son además potencialmente peligrosos bajo cualquier norma).

Los ascensores, escaleras y corredores deben estar bien iluminados y de gran tamaño. Las escaleras y corredores angostos restringen el flujo de ch'i; la mala iluminación tiene el mismo efecto.

Las escaleras no deben mirar directamente a la entrada principal ya que distorsiona el ch'i que viene a través de ella. Idealmente, las escaleras deberían tener puertas que las oculten.

Es importante que los apartamentos sobre lados opuestos del vestíbulo tengan puertas que estén alineadas entre sí; si no es así, es probable que los residentes tengan disputas.

Los vestíbulos largos con un gran número de puertas también tienen el mismo efecto. Los pasillos y vestíbulos largos pueden también crear shars internos.

Examine la ruta que tomará desde el lobby hasta su apartamento. Idealmente, la escalera o los ascensores deben ser espaciosos y bien iluminados. Los pasillos deberían ser razonablemente amplios para permitir que el ch'i fluya libremente y que los ocupantes del edificio puedan transitar sin contacto físico entre ellos. Observe la calidad de las alfombras, cubiertas de pared e iluminación. Cualquier defecto crea ch'i negativo. Tenga en cuenta que si renta un apartamento en esta configuración, estará usando el mismo trayecto diariamente. Por consiguiente, debe ser claro y alegre para estimular el ch'i y levantar el espíritu.

Las puertas del ascensor no deben estar directamente al lado opuesto de la puerta frontal de su apartamento. Esto es porque se cree que los ascensores pueden llevarse su riqueza. Tampoco debe haber una escalera dirigida hacia un piso inferior ubicada directamente frente a su puerta frontal. Si es así, su fortuna disminuirá. Sin embargo una escalera dirigida hacia un piso superior es buena, ya que indica que su fortuna se incrementará (**Figura 2C**).

Finalmente, necesitamos determinar si la entrada principal del edificio está en una de sus mejores direcciones. Aprenderemos a hacer esto en el próximo capítulo.

Figura 2C: Una escalera ascendente

3

Las direcciones más positivas

La brújula fue inventada por los Chinos hace 2500 años aproximadamente. Hasta ese entonces, el feng shui había sido en gran parte un arte basado en el estudio de la geografía de las situaciones analizadas. El descubrimiento de la brújula permitió a sus practicantes personalizar el feng shui por primera vez. La brújula se combinó con el elemento personal del individuo y su carta astrológica China para determinar direcciones favorables y desfavorables.

Las brújulas del feng shui son conocidas como luo-pans. *Luo* significa "reticulado" y *pan* significa "plato". "Plato reticulado" es una buena descripción del luo-pan, que se parece a una telaraña en muchos aspectos.

El luo-pan es usualmente de forma cuadrada. Este cuadrado es dividido en cuartos por medio de hilos rojos. En el centro está la brújula, rodeada por una serie de círculos que proveen información acerca de diferentes direcciones. Mi luo-pan tiene trece círculos de información, pero he visto algunos con sólo seis y otros con hasta treinta y seis. El primer anillo contiene los cinco elementos, más ocho de las Diez Bases Celestiales de la Astrología China. Los otros círculos contienen posiciones de buena y mala suerte,

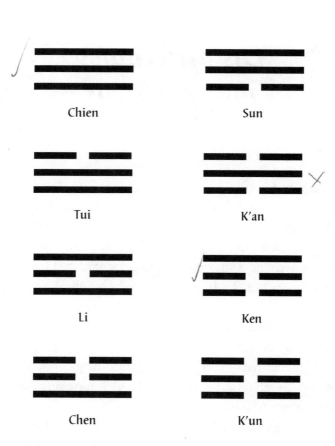

Chien   Sun

Tui   K'an

Li   Ken

Chen   K'un

Figura 3A: Los ocho triagramas del I Ching

información para determinar las fechas para construir una casa u otra edificación, etc. Hasta hace poco tiempo, las únicas brújulas feng shui disponibles estaban escritas en el idioma chino, pero ahora es posible comprar luo-pans en Inglés.[1]

La aguja del luo-pan apunta hacia el Sur. Esto se debe a que el Sur siempre ha sido una dirección favorable para los Chinos. Los vientos fuertes y fríos vienen del Norte, mientras el Sol proveedor de calor y vitalidad viene del Sur.

Hay ocho triagramas en el I Ching (**Figura 3A**). El arreglo original de ellos es la Antigua Secuencia del Cielo, que fue ideada por el primer emperador de China Wu de Hsia. La Ultima Secuencia del Cielo fue concebida alrededor del año 1143 antes de Cristo por el Duke de Wen, que más tarde fundó la Dinastía Chou. Esta antigua secuencia representaba un universo perfecto; la ideada por el Duke de Wen muestra un arreglo más práctico de los triagramas que simbolizan una visión realista del mundo en que vivimos. Por consiguiente, la Ultima Secuencia del Cielo es la usada en el feng shui.

Los triagramas representan cada posible arreglo de tres líneas continuas y fraccionadas. Las líneas continuas se relacionan con la energía yang o masculina; las líneas fraccionadas se asocian con la energía yin o femenina.

Los triagramas individuales

Chien— Lo creativo

Chien está compuesto de tres líneas yang continuas. Representa la posición Noroeste y se asocia a la cabeza de la familia, usualmente el padre. Las habitaciones que probablemente usaría esta persona tales como el estudio o la alcoba principal se ubican bien en esta dirección. Chien es fuerte, perseverante y determinado. La temporada que se relaciona con Chien es el final del otoño y el comienzo del invierno.

K'un— Lo receptivo

Consiste en tres líneas yin fraccionadas. Representa el Suroeste y se asocia a las cualidades maternales. K'un se relaciona con la madre, y las habitaciones que tradicionalmente ella ocuparía son la cocina, el cuarto de lavandería y el cuarto de costura. K'un simboliza la relación entre el marido y mujer, y está ligado al verano.

Chen— El despertar

Está conformado por dos líneas yin fraccionadas encima de una línea yan continua. Representa la dirección Este y el hijo mayor. Por consiguiente, su habitación debe estar hacia el lado Este de la casa. Chen representa también el comienzo de la primavera y se asocia a lo decisivo e inesperado.

Sun— Lo amable

Consiste en una línea yin fraccionada debajo de dos líneas yang continuas. Representa la posición Sureste y la hija mayor. De este modo, su habitación debería estar en esta parte de la casa. Sun representa también el final de la primavera y se relaciona con la totalidad, el intelecto y la fortaleza interior.

K'an— Lo abismal

K'an está formado por una línea yang continua entre dos líneas yin fraccionadas. Es la posición Norte y se asocia con el hijo del medio. Esta parte de la casa es la mejor posición para su habitación. Representa el invierno y se relaciona con el trabajo duro y la ambición.

Li— El aferro

Consiste de una línea yin fraccionada y dos líneas yang continuas. Está en la posición Sur y se asocia con la hija del medio. Naturalmente, su habitación debe estar ubicada en la parte Sur de la casa. Li representa el comienzo del verano y se relaciona con la alegría, calidez, claridad y éxito.

Ken— La quietud

Ken está formado por dos líneas yin fraccionadas debajo de una línea yang continua. Representa el Noreste y el hijo menor. Esta dirección es la mejor para ubicar su habitación. Representa además el final del invierno, la estabilidad, introspección y consolidación.

Tui— Lo alegre

Consiste en dos líneas yang continuas debajo de una línea yin fraccionada. Representa la posición Oeste y se relaciona con la hija menor. Su habitación debe estar en esta posición de la casa. Tui se asocia con el otoño, la felicidad, placer y satisfacción.

Todas las casas y apartamentos pueden relacionarse con un solo diagrama. Usted también tiene un triagrama determinado por su año de nacimiento. Logrará su mayor felicidad en un apartamento que se relacione positivamente con su triagrama personal.

Hay una fórmula simple para determinar que triagrama lo representa, la cual varía levemente de acuerdo a su sexo.

Si es hombre, reste de 100 los dos últimos dígitos de su año de nacimiento y luego divida por nueve. La respuesta es ignorada pero el residuo determina a cual triagrama pertenece usted. Si no hay residuo, la persona es un Li.

Aquí está otro ejemplo para un hombre nacido en 1954. Restamos 54 de 100, lo que nos da 46; 46 dividido por 9 da como resultado 5 (cociente) y un residuo de 1. Por consiguiente, es una persona K'an.

Un ejemplo más, esta vez para un hombre nacido en 1964. Restando 64 de 100 tenemos 36, y 36 dividido 9 da como resultado 4 y ningún residuo. El es una persona Li.

Si es mujer, empiece restando 4 de los dos últimos dígitos de su año de nacimiento y luego divida por 9. De nuevo, ignore esta respuesta, pero observe el residuo, que determina a qué triagrama usted pertenece.

Tenemos el ejemplo de una mujer nacida en 1973. Restamos 4 de 73, lo que nos da 69; dividimos 64 por 9 y obtenemos 7 y un residuo de 6.

Otro ejemplo, para una mujer nacida en 1950. Restamos 4 de 50, lo cual nos da 46; 9 está 5 veces en 46 y arroja un residuo de 1.

- Si el residuo es uno, la persona es un K'an.

- Si el residuo es dos, la persona es K'un.

- Si el residuo es tres, la persona es un Chen.

- Si el residuo es cuatro, la persona es un Sun.

- Si el residuo es cinco, la persona será, K'un si es hombre y un Ken si es mujer.

- Si el residuo es seis, la persona es un Chien.

- Si el residuo es siete la persona es un Tui.

- Si el residuo es ocho la persona es un Ken.

- Si no hay residuo, la persona es un Li.

Para su conveniencia, el Apéndice 2 muestra una carta de triagramas personales para cada año.

El triagrama al que su apartamento se relaciona depende de la dirección a la que mire la parte trasera del edificio. En el feng shui esto se conoce como la dirección en la cual se ubica la parte trasera. Por consiguiente, una casa K'an mira hacia el Sur, y su parte trasera se sitúa al Norte. Las **Figuras 3B** y **3C** muestran las direcciones de ubicación y proyección para cada triagrama.

Los ocho triagramas se dividen en dos grupos: las Cuatro Casas del Este, donde están incluidos Li, K'an, Chen y Sun; y las Cuatro Casas del Oeste, que contienen Chien, K'un, Ken y Tui. Las direcciones favorables para las Cuatro Casas del Este son Norte, Sur, Este y Sureste. Las mejores direcciones para las Cuatro del Oeste son Oeste, Noroeste, Suroeste y Noreste.

Símbolo	Nombre	Trasera	Frontal
	Li	S	N
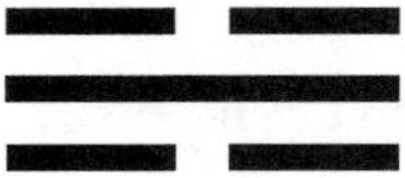	K'an	N	S
	Chen	E	O
	Sun	SE	NO

Figura 3B: Las direcciones de las cuatro casas del Este

Las Cuatro Casas del Este

Li, K'an, Chen y Sun pertenecen a los elementos agua, madera y fuego. Esta es una combinación excelente ya que el agua produce madera, y esta a su vez produce fuego.

Esto también significa que los apartamentos que pertenecen a estas Cuatro Casas pueden ser realzados usando objetos pertenecientes a dichos elementos. Por consiguiente, acuarios, fuentes pequeñas, plantas, flores cortadas recientemente y luces brillantes mejorarán el feng shui de los apartamentos relacionados con este grupo.

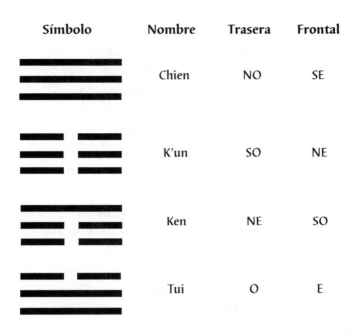

Símbolo	Nombre	Trasera	Frontal
	Chien	NO	SE
	K'un	SO	NE
	Ken	NE	SO
	Tui	O	E

Figura 3C: Las direcciones de las cuatro casas del Oeste

Las Cuatro Casas del Oeste

Chien, K'un, Ken y Tui pertenecen a los elementos tierra y metal. Esta es también una combinación armoniosa ya que el metal es producido por la tierra. Sin embargo, debido a que los elementos no armonizan fácilmente, las Cuatro Casas del Oeste no son compatibles con las Cuatro Casas del Este.

El feng shui de los apartamentos que pertenecen a las Cuatro Casas del Oeste mejoran cuando se usan en ellos campanas de viento metálicas, ornamentos de metal y alfarería y objetos de cerámica.

Encontrará difícil determinar a cuál triagrama pertenece el edificio donde usted vive si éste es de forma irregular. En este caso, use una brújula en la entrada trasera de la construcción para ver la dirección en la cual se sitúa.

Encontrará su mayor felicidad viviendo en un edificio que se relacione con el grupo a que usted pertenece. Si es una persona Li, por ejemplo, estaría feliz viviendo en un edificio que fuera Li, K'an, Chen o Sun, ya que todos ellos pertenecen al mismo grupo. Naturalmente, el mejor arreglo posible es cuando el edificio comparte el mismo triagrama suyo. Por consiguiente, una persona Chien sería muy feliz viviendo en un apartamento Chien, pero también estaría bien en un apartamento K'un, Ken o Tui (que pertenecen al grupo de las Cuatro Casas del Oeste).

Su apartamento debería pertenecer también a la misma agrupación. Puede determinar esto usando una brújula en la entrada principal del departamento.

Es especialmente propicio si su triagrama personal, el triagrama del edificio y el triagrama de su apartamento pertenecen todos al mismo grupo. Por ejemplo, si su triagrama fuera Ken, el del edificio K'un y el del apartamento Tui, todos pertenecen al grupo de las Cuatro Casas del Oeste y se armonizan y apoyan entre sí.

Los triagramas son además usados dentro del apartamento. Cubriremos este tema en el Capítulo 4.

4

Dentro del apartamento

Para las personas que viven en apartamentos, el feng shui interior es más importante que el feng shui exterior. Esto se debe a que son frecuentemente impotentes para controlar sus alrededores, y existe la posibilidad de manipular su vivienda interior.

Necesitamos que entre el máximo ch'i posible al apartamento y que fluya suave y fácilmente de habitación en habitación. Casi todo el ch'i viene a través de la puerta del frente. Por consiguiente, la entrada principal debe estar bien iluminada y acogedora para estimular a que entre todo el ch'i posible. Idealmente, deberá poder ver parte del interior desde la puerta frontal. El apartamento tiene que lucir espacioso y alegre.

Si la puerta del frente abre directo hacia una gran habitación, deberá usar una división para aislar parte de la habitación y así crear un área separada más privada.

La puerta frontal debe abrir hacia adentro. Las puertas que abren hacia afuera distorsionan y restringen el ch'i. El interior debe parecer espacioso. El ch'i es restringido y reducido si esta puerta abre hacia una sala de espera pequeña o hacia una pared que esté frente a ella. El remedio para esto es colgar un espejo grande, pues tiene el efecto de doblar simbólicamente el tamaño del área de entrada.

La puerta frontal no debe mirar directo hacia la entrada de un sanitario, pues este crea ch'i negativo y por ende nunca deberá estar en dirección directa a entradas o habitaciones importantes. Si tiene esta situación en su apartamento, mantenga cerrada la puerta del sanitario todo el tiempo que sea posible y cuelgue un espejo sobre la parte exterior de la puerta para hacerlo desaparecer simbólicamente.

Las puertas frontales no deben apuntar directamente hacia las ventanas, ya que la mayor parte del ch'i que entre por ellas seguirá derecho y saldrá por las ventanas. Un remedio para esto es usar una división para ocultar la ventana de la puerta.

El ch'i también puede entrar por las ventanas, pero la mayor parte de él entra por la puerta frontal. Sus ventanas deberían ser lo suficientemente grandes para estimular a que entre la energía ch'i, pero de un tamaño tal que no afecte la puerta frontal. Idealmente, no debe haber más de tres de ellas por cada puerta del apartamento (la excepción son los apartaestudios o apartamentos de una sola alcoba, que pueden tener sólo dos puertas. En este caso, la razón puede ser tan alta como 7:1).

Párese al lado de su puerta frontal y busque la esquina que esté más lejos de usted, pero aún a la vista. Esta es su Esquina de la Fortuna. Ubique algo ahí que represente su elemento personal o el elemento que lo precede en el ciclo de producción.

Una vez dentro, el ch'i debe ser estimulado para que tome un curso meándrico a través del apartamento. El ch'i no tiene que moverse demasiado en línea recta, ya que fluirá muy rápido y sus efectos beneficiosos se perderán. La peor situación es cuando hay tres puertas alineadas, particularmente si entre ellas se encuentran la frontal y la trasera. Afortunadamente, hay un número de remedios para esta situación. Podría mantener cerrada la puerta del medio lo más posible; podría usar una división para ocultar la última puerta; podría colgar un cristal o una campana de viento frente a las entradas para estimular el ch'i hacia arriba; finalmente, podría colgar dos o tres espejos a los lados del vestíbulo. El ch'i pasará de un espejo al siguiente oscilando y perdiendo velocidad.

Evite los corotos. Ellos retardan y restringen el ch'i, estancándolo y volviéndolo ineficaz. Esta energía también se estanca en áreas oscuras o no utilizadas. Mantenga bien iluminado el apartamento. Las habitaciones que no son usadas regularmente, como la de huéspedes, deben tener una muy buena entrada de aire y luz.

Busque cualquier shar interno que pueda existir dentro de su apartamento. Los ejemplos incluyen, bordes agudos y esquinas de muebles, columnas cuadradas y travesaños. Usted puede mover algunos muebles o eliminar los efectos de tales shars. Las plantas en macetas y los espejos pueden usarse para remediar una columna y dos flautas de bambú suspendidas en la viga eliminan sus efectos negativos.

Trate de evitar sentarse o trabajar bajo los travesaños, y arregle sus muebles de tal forma que sus invitados no estén forzados a sentarse directamente bajo ellos.

Los apartamentos de un solo nivel son mejores que los de dos pisos o de varios niveles desde el punto de vista del feng shui. La escalera no debe estar directamente frente a la puerta principal. Esto es debido a que el ch'i se confunde al entrar al apartamento, sin saber cuál camino tomar. Además, los ocupantes de las alcobas que están escaleras arriba están propensos a entrar y salir directamente a sus alcobas, en lugar de pasar algún tiempo con los demás residentes del apartamento.

En los apartamentos de varios niveles asegúrese que las áreas del comedor y la cocina estén más altas que la sala. Si la sala se encuentra sobre un nivel más alto, sus invitados se llevarán todo el ch'i bueno al marcharse.

Todas las habitaciones deben estar bien proporcionadas, sin que algunas parezcan demasiados grandes en comparación de las demás. Idealmente, deberían ser de forma cuadrada o rectangular. Las habitaciones en forma de "L" dan la impresión de que algo les falta, el ángulo creado que apunta dentro de ellas también crea shars. El remedio para esto es colgar un espejo a cada lado de dicho shar para hacerlo desaparecer simbólicamente.

La sala debe estar cerca a la entrada principal y, la cocina y las alcobas lejos; esto provee paz, armonía y seguridad. Los residentes pueden dormir profundamente en las noches, lejos de cualquier sonido que pueda venir desde fuera de la puerta frontal. Las puertas que llevan hacia los cuartos de baño, sanitarios y alcobas no deben ser visibles desde la puerta del frente.

La cocina y el cuarto de baño no deben estar ubicados en el centro del apartamento, pues esta es la localización de la "buena suerte" y debería reservarse como un área de uso para todos los ocupantes del apartamento. Por consiguiente, es la posición perfecta para parte de la sala o habitación familiar.

En el siguiente capítulo determinaremos el mejor sitio para cada habitación de acuerdo a su triagrama personal.

5

Localizaciones positivas y negativas

En cada apartamento hay cuatro localizaciones positivas y cuatro negativas, las cuales son determinadas con base en su triagrama personal. Estas localizaciones son derivadas del cuadrado mágico encontrado en la tortuga de Wu hace miles de años.

Localizaciones positivas

Principal

El área principal es excelente y está siempre en la dirección en la cual se sitúa la casa o apartamento. En Oriente es comúnmente referida como **Fu Wei**, que significa "buena vida". Esta localización es la ubicación perfecta para la alcoba y puertas.

Salud

La localización de la salud es también buena y se relaciona obviamente con la salud y la vitalidad. Frecuentemente, es referida como **T'ien Yi**, que significa "doctor del cielo". De este modo, activando esta área es probable obtener ayuda para enfermedades prolongadas que los médicos no han podido solucionar.[1] Esta ubicación es excelente para el comedor y la alcoba principal; puede ser estimulada colgando cristales y campanas de viento para ayudar a miembros de la familia enfermos.

Longevidad

Esta localización se relaciona con la paz, la armonía y la buena salud. Es importante para asegurar las relaciones familiares armoniosas. Es una posición excelente para las alcobas de los miembros mayores de la familia. Puede ser estimulada con cristales y espejos en el caso de que existan problemas familiares internos. Estimular esta área aliviará tales dificultades y ayudará a resolver problemas matrimoniales.

Prosperidad

Muchos consideran esta posición como la más favorable de todas. Se relaciona con el progreso, el éxito económico, la vitalidad y las grandes oportunidades. Es una buena ubicación para la puerta frontal, la puerta de la cocina, la alcoba principal, el estudio y cualquier otra área donde se traten asuntos financieros. Es la peor localización para el baño y sanitario, ya que el agua usada en ellos representa oportunidades financieras deshechas. Esta localización es perfecta para colocar un escritorio donde se paguen las cuentas de la familia. Esta posición debe ser mantenida bien iluminada y estimulada con cristales y objetos que se relacionen con su elemento personal; esto es así porque se cree que permaneciendo activada esta área, se logra finalmente la riqueza.

En Oriente, mucha gente dirige sus camas hacia esta localización, y además salen a trabajar tomando esta dirección.

Localizaciones negativas

Muerte

Otro nombre dado a esta localización es **Chueh Ming**, que significa "catástrofe total". Se relaciona con accidentes, enfermedades y otras desgracias. Es considerada la peor posición de la casa. Se cree que si la puerta frontal apunta hacia esta dirección, usted y su familia tendrán problemas de salud y correrán el riesgo de perder el dinero y la buena reputación. Todas las localizaciones negativas son buenos lugares para ubicar el sanitario, ya que el ch'i negativo puede ser evacuado simbólicamente.

Desastre

Esta ubicación es conocida como **Ho Hai**, que significa "accidentes y peligro". Se refiere a retrasos, frustraciones y pérdidas pequeñas, en lugar de grandes problemas. Su cama no debe apuntar hacia esta dirección; si es así, usted sufrirá frecuentes contratiempos. La localización del desastre es buen sitio para las despensas o los sanitarios.

Los seis shars

Esta localización es también conocida como **Lui Shar**, que quiere decir "seis muertes". Se relaciona con demoras, escándalos y pérdidas. También se asocia con problemas legales y de salud. Es una buena posición para la cocina y el sanitario.

Los cinco fantasmas

Esta localización se relaciona con fuego, robo y dificultades económicas. Se cree que podemos ser afectados por estos problemas si la puerta frontal mira hacia esta dirección. Esta, al igual que la localización del desastre es un buen lugar para la despensa o el sanitario.

Estas localizaciones son determinadas por el triagrama de su apartamento. La siguiente lista describe las ubicaciones positivas y negativas para cada triagrama.

La casa Chien

Una casa Chien se sitúa hacia el Noroeste.

La localización principal es al Noroeste.

La localización de la salud es al Noreste.

La localización de la longevidad es al Suroeste.

La localización de la prosperidad es al Oeste.

La localización de la muerte es al Sur.

La localización del desastre es al Sureste.

La localización de los seis shars es al Norte.

La localización de los cinco fantasmas es al Este.

La casa K'un

Una casa K'un se ubica hacia el Suroeste.

La localización principal es al Suroeste.

La localización de la salud es al Oeste.

La localización de la longevidad es al Noroeste.

La localización de la prosperidad es al Noreste.

La localización de la muerte es al Norte.

La localización del desastre es al Este.

La localización de los seis shars es al Sur.

La localización de los cinco fantasmas es al Sureste.

La casa Ken

Una casa Ken está ubicada hacia al Noreste.

La localización principal es al Noreste.

La localización de la salud es al Noroeste.

La localización de la longevidad es al Oeste.

La localización de la prosperidad es al Suroeste.

La localización de la muerte es al Sureste.

La localización del desastre es al Sur.

La localización de los seis shars es al Este.

La localización de los cinco fantasmas es al Norte.

La casa Tui

Una casa Tui se ubica hacia el Oeste.

La localización principal es al Oeste.

La localización de la salud es al Suroeste.

La localización de la longevidad es al Noreste.

La localización de la prosperidad es al Noroeste.

La localización de la muerte es al Este.

La localización del desastre es al Norte.

La localización de los seis shars es al Sureste.

La localización de los cinco fantasmas es al Sur.

La casa Li

Una casa Li se sitúa hacia el Sur.

La localización principal es al Sur.

La localización de la salud es al Sureste.

La localización de la longevidad es al Norte.

La localización de la prosperidad es al Este.

La localización de la muerte es al Noroeste.

La localización del desastre es al Noreste.

La localización de los seis shars es al Suroeste.

La localización de los cinco fantasmas es al Oeste.

La casa K'an

Una casa K'an se ubica hacia el Norte.

La localización principal es al Norte.

La localización de la salud es al Este.

La localización de la longevidad es al Sur.

La localización de la prosperidad es al Sureste.

La localización de la muerte es al Suroeste.

La localización del desastre es al Oeste.

La localización de los seis shars es al Noroeste.

La localización de los cinco fantasmas es al Noreste.

La casa Chen

Una casa Chen se ubica hacia el Este.

La localización principal es al Este.

La localización de la salud es al Norte.

La localización de la longevidad es al Sureste.

La localización de la prosperidad es al Sur.

La localización de la muerte es al Oeste.

La localización del desastre es al Suroeste.

La localización de los seis shars es al Noreste.

La localización del cinco fantasmas es al Noroeste.

La casa Sun

Una casa Sun se sitúa hacia el Sureste.

La localización principal es al Sureste.

La localización de la salud es al Sur.

La localización de la longevidad es al Este.

La localización de la prosperidad es al Norte.

La localización de la muerte es al Noreste.

La localización del desastre es al Noroeste.

La localización de los seis shars es al Oeste.

La localización de los cinco fantasmas es al Suroeste.

Estas localizaciones también pueden ser usadas como direcciones cada vez que usted esté haciendo algo importante. Por ejemplo, si es un Chen, se beneficiará mirando hacia el Este, Norte, Sureste o Sur cuando esté tomando decisiones importantes (Chen pertenece a las Cuatro Casas del Este y estas direcciones son las mejores para todos los miembros de este grupo, sin importar cuál sea el triagrama del individuo). Aquellos que apuestan al azar en Oriente prefieren mirar su dirección de prosperidad cuando están apostando, con la creencia que esto les traerá buena suerte. La dirección de la prosperidad es determinada por el triagrama individual, y no por el agrupamiento de casas.

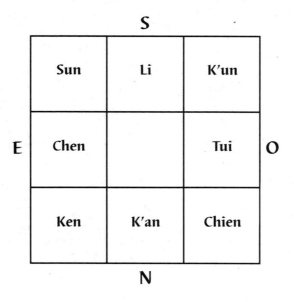

Figura 5A: La Secuencia del Cielo más reciente

Diferentes localizaciones

Para determinar las diferentes localizaciones sobreponemos un cuadrado mágico de tres por tres sobre el plano del apartamento. Obviamente, esto es más fácil si su apartamento es cuadrado o rectangular que cuando tiene forma de L, T ó U. En algunos casos es mejor dividirlo en secciones más pequeñas y ubicar un cuadrado mágico sobre cada una. De hecho, puede hacer este ejercicio con una habitación a la vez, si así lo desea. Las alcobas son comúnmente evaluadas de esta forma para determinar la mejor posición de la cama.

El cuadrado mágico es construido con ocho triagramas situados en su posiciones correctas. La **Figura 5A** muestra

E

Ken 6 Shar	Chen Primaria	Sun Longevidad
K'an Salud		Li Prosperidad
Chien 5 Fantasmas	Tui Muerte	K'un Desastre

N (izquierda)   S (derecha)

O

**Figura 5B: El cuadrado mágico para
un apartamento Chen**

la ubicación correcta para cada triagrama de acuerdo a la
secuencia del cielo más reciente. La **Figura 5B** muestra el
arreglo para un apartamento Chen.

En la **Figura 5C** hemos localizado un cuadrado mágico
sobre un apartamento Chen.

Ahora podemos interpretar el plano del apartamento. Un
apartamento Chen se sitúa hacia el Este y mira hacia el Oeste.
La puerta frontal está en la localización del desastre, que se
ubica al Suroeste. Sin embargo, la puerta abre hacia el Oeste.
Con la entrada principal en esta localización, los ocupantes
tendrán más que pequeños problemas y contratiempos. La
puerta del frente abre directamente hacia una gran sala; esto
provee una buena visión del interior del apartamento, pero

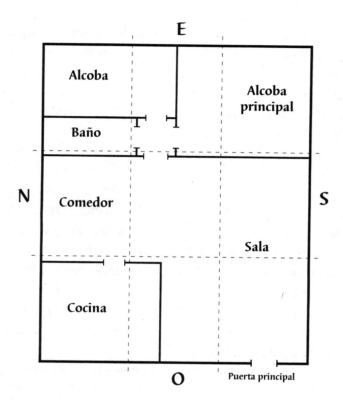

**Figura 5C: El cuadrado mágico superpuesto
sobre el plano del apartamento**

no da a sus residentes privacidad frente a visitantes inesperados. Una división cerca a esta puerta permitiría una visualiza-
ción suficientemente amplia del interior y a la vez proveería a
sus residentes un grado de privacidad.

La sala está ubicada en las áreas de la muerte (Oeste),
desastre (Suroeste), prosperidad (Sur) y buena suerte (Centro). La localización de la prosperidad sería un lugar perfecto
para un escritorio donde podrían ser pagadas las cuentas de

la familia. El área de la buena suerte está situada perfectamente ya que es la localización para que los miembros de la familia se comuniquen y disfruten de su mutua compañía. Las localizaciones del desastre y de la muerte son posiciones negativas y serían una mejor ubicación para el baño que para la sala. Afortunadamente, la puerta frontal está en la localización del desastre y no en la de la muerte. Si hubiera estado en esta última, los ocupantes habrían de perder todo al final. La localización del desastre se relaciona con disputas y desacuerdos; esta sería la peor posición en la habitación para un sofá o las sillas, ya que las personas que las usan reñirían y pelearían todo el tiempo (la localización de la buena suerte es la mejor en este sitio para asientos y sofás confortables).

La cocina está en la localización de los cinco fantasmas (Noroeste). Ya que esta localización se relaciona con el fuego, los residentes tendrán que tener especial cuidado con todos los aparatos eléctricos.

El comedor se une con la sala y está en la localización de la salud (Norte). Este es un excelente lugar para el comedor; la gente que come ahí disfrutará de buena compañía y excelente salud.

La alcoba principal está en la localización de la longevidad (Sureste). Este es un excelente sitio que da a los ocupantes paz, armonía y larga vida. Está bien lejos de la puerta frontal, lo cual es también bueno desde el punto de vista del feng shui.

La localización principal (Este) es ocupada con una tercera parte de la alcoba principal, parte de la segunda alcoba y el pequeño pasillo. Esta es una buena localización para camas y puertas. Si es posible, los ocupantes deberían ubicar sus camas en esta parte de sus respectivas alcobas. El pasillo contiene tres puertas, lo cual es bueno. Sin embargo, la entrada de la alcoba principal está directamente de frente a la entrada del baño, lo cual no es bueno, pues el ch'i negativo podría dirigirse hacia esta habitación. El remedio para esto es mantener la puerta del baño cerrada.

La localización de los seis shars (Noreste) contiene dos terceras partes de la alcoba de huéspedes y el cuarto de baño. Esta es la ubicación perfecta para el baño, pero es negativa con respecto a la alcoba. Es probable que el ocupante de esta habitación se desanime de tomar decisiones y podría verse involucrado en un escándalo. Afortunadamente, una tercera parte de la habitación está en la localización principal y el residente podría remediar los efectos negativos de la localización de los seis shars durmiendo con su cabeza ubicada en la localización principal.

Aspiraciones del pa-kua

Otra manera de evaluar apartamentos, que es popular en Hong Kong donde la mayoría de la gente vive en edificios, es conocida como las **aspiraciones del pa-kua**. Es controversial, ya que es parte de la Escuela de la Brújula del feng shui, pero no usa brújula alguna.

El mismo cuadrado mágico de tres por tres es superpuesto sobre el apartamento, de igual forma que en el método de las ocho localizaciones. Sin embargo, debido a que no se usa brújula, la puerta frontal o entrada principal del apartamento es siempre ubicada en la parte inferior del cuadrado.

Hay diferentes áreas del apartamento que tienen que ser examinadas (**Figura 5D**).

Riqueza	Fama	Matrimonio
Familia		Niños
Conocimiento	Carrera	Mentores

La entrada principal siempre se encuentra en este lado del cuadrado

Figura 5D: Aspiraciones del pa-kua

La riqueza

El área de la riqueza está diagonalmente tan lejos a la izquierda como sea posible de la puerta frontal. Se relaciona con dinero, finanzas y abundancia.

Para este objetivo, necesita activar esta localización en su apartamento. Aumente la iluminación para estimular el ch'i hacia esta parte. Los cristales también activan el ch'i y lo reflejan hacia todas las direcciones. Coloque algo metálico en esta área, ya que el metal se asocia con el dinero. También es beneficioso un acuario, pues el agua también se relaciona con el dinero en el feng shui y el pez representa éxitos y logros. No use acuarios si pertenece al elemento fuego, ya que el agua elimina el fuego. En vez de eso, use alfarería de peces rojos para simbolizar el elemento fuego y actuar como afirmaciones silenciosas. Tenga algo que preceda su elemento personal (en el ciclo productivo de elementos) en esta área. Todo lo anterior ayudará en la activación del sector de la riqueza de su casa.

La fama

La localización de la fama se encuentra en el segundo tercio de la parte trasera del apartamento, entre las áreas de la riqueza y del matrimonio. La fama significa incrementar la reputación en la comunidad. También puede activar este sector si quiere ser famoso. Esto se logra aumentando la luz en esta parte del apartamento. También podemos colgar cristales y colocar algo relacionado con nuestro elemento. Una foto suya o exibir diplomas, premios o trofeos que haya obtenido, es buena idea.

El matrimonio

En el mundo moderno, la localización del matrimonio se relaciona no sólo con el matrimonio propiamente dicho, sino con todas las relaciones personales estrechas. Si está buscando una relación o quiere mejorar la que ya tiene, debe activar esta área. Incremente la luz, para activar el ch'i. Use cristales y tenga algunos objetos atractivos que se asocien con su elemento personal y el de su pareja, si la tiene. Las fotografías de los dos juntos también son beneficiosas. Si está en busca de una relación, las ilustraciones de parejas cogidas de manos, tal vez caminando a lo largo de una playa solitaria, ayudarán a activar esta localización. Todo lo que usted considere romántico puede ser expuesto en el sector del matrimonio.

La familia

Esta localización representa la familia en un amplio sentido de la palabra. Simboliza sus allegados y la salud.

Activar esta área ayuda a afianzar los lazos familiares cuando se está en disputa o dividida por problemas. Esta es una buena localización para las fotografías de la familia o cualquier cosa que le recuerde a sus seres amados y mejores amigos. Este sector debe ser activado cuando los miembros de la familia tengan problemas de salud.

Necesitamos incrementar la luz en esta parte del apartamento para activarla. Es necesario tener objetos que se relacionen con el elemento personal de quienes estamos tratando de ayudar. En el caso de personas enfermas, necesitamos objetos que se relacionen con el elemento anterior al de ellos en el ciclo de producción.

Los niños

La localización de los niños está diagonalmente y a la derecha de la puerta frontal, entre las áreas de los mentores y del matrimonio. Puede ser activada de dos formas.

Si está teniendo problemas con los niños, puede activar esta área usando objetos que se relacionen con el elemento que precede el de ellos en el ciclo de producción. Deberá incrementarse la luz en esta parte del apartamento.

Si quiere tener hijos, este sector es activado aumentando la luz y colgando un cristal con un cinta roja. Plantas jóvenes y en buen estado o flores recien cortadas se pueden usar. Si utiliza flores reempláselas tan pronto como empiecen a marchitarse, ya que las flores marchitas crean ch'i negativo. Es posible usar flores artificiales, pero no use flores secas debido a que ellas han absorbido toda el agua, lo cual es malo desde el punto de vista del feng shui. Después de todo el feng shui significa "viento y agua".

El conocimiento

El área del conocimiento está al mismo lado del apartamento en el que está la puerta frontal, y tan lejos hacia la izquierda como sea posible avanzar. Esta localización se relaciona con el aprendizaje y es una posición excelente para una biblioteca, estudio o sala de entretenimientos. Cualquier tipo de trabajo que requiera estimulación mental se podrá desarrollar mejor en esta parte del apartamento.

Esta localización es activada normalmente aumentando la iluminación y colgando cristales. También puede ser estimulada colocando objetos que se relacionen con lo que desea aprender. Por ejemplo, si usted estuviera planeando aprender un lenguaje extranjero, debería estudiar en este sector, y debería también mantener aquí sus diccionarios y libros de instrucción para ayudar a activar la habitación.

La carrera

Esta localización es encontrada en la parte central frente a la pared que contiene la puerta frontal. Si está deseando progresar en su carrera, o tal vez encontrar una nueva, debe ser activada esta área. Pueden usarse cristales, campanas de viento y objetos que se asocien con su elemento personal además de una buena iluminación. Este es además un buen sitio para el teléfono, escritorio y equipos de oficina tales como computadores, archivos, fax, etc.

Los mentores

La localización de los mentores está al lado derecho de la puerta del frente. Un antiguo proverbio dice: "cuando el estudiante esté listo, vendrá el profesor". Si usted siente que está listo, pero el maestro aún no ha llegado, puede acelerar el proceso activando esta parte del apartamento. Los mentores pueden proveer ayuda, consejo y un apoyo para todas las áreas de nuestra vida. Activando este sector, los impulsamos a que vengan a asistirnos.

Podemos activar esta área como es usual. Sin embargo, si tenemos en mente un mentor específico y sabemos su año de nacimiento, podemos situar algo en esta localización que se relacione con el elemento personal de dicha persona.

El área de los mentores también se asocia con viajes. Si quiere viajar, necesita activar este sector con un cristal y algo que se relacione con su elemento personal. También necesita exponer fotos de los lugares que desea visitar.

El centro de la buena suerte

El área en el centro del apartamento es conocida como el centro Espiritual o de la buena suerte. Debe estar bien iluminado para estimular los ocupantes a que pasen tiempo juntos y se comuniquen. Es también la posición perfecta para colocar un candelabro, ya que cada cristal reflejará el ch'i desde el centro hacia cada esquina del apartamento.

Las direcciones

Las aspiraciones del pa-kua no son restringidas por las paredes de su apartamento, sino que se esparcen indefinidamente. Por consiguiente, si está buscando riqueza, debería hacerlo en la dirección mostrada por la ubicación del área de la riqueza de su apartamento.

Si quiere progresar en su carrera, debe salir a trabajar todos los días en la dirección de la carrera, incluso si su sitio de trabajo está en una dirección totalmente diferente. Después de conducir una o dos calles, puede dar la vuelta y seguir por el camino correcto; haciendo esto ayudará a estimular su carrera.

Podemos evaluar el apartamento en la **Figura 5C** usando las aspiraciones del pa-kua.

La segunda alcoba y el cuarto de baño están en la localización de la riqueza. Esta es la peor posición posible para el baño, ya que la riqueza se desecha simbólicamente. El remedio para esto es mantener tapada la taza del sanitario y la puerta cerrada todo el tiempo que sea posible. También puede necesitar colgar un espejo sobre el exterior de la puerta del baño para hacer desaparecerlo simbólicamente.

El ocupante de la segunda alcoba puede activarla para beneficiarse económicamente.

El área de la fama utiliza parte de esta alcoba. Si sus residentes desean mejorar su reputación en la comunidad, pueden activar esta parte de la habitación.

La mayor parte de la alcoba principal está ubicada en el sector del matrimonio. Este es el lugar perfecto, y los ocupantes de ella deberían disfrutar una relación amorosa larga y estable. Naturalmente, también pueden activar su habitación para mejorar su relación más adelante.

El comedor está en la sección de la familia. Este es un buen lugar y la familia disfrutaría momentos placenteros sentados alrededor de la mesa.

El sector de los niños ocupa cerca de una cuarta parte de la sala; naturalmente los niños pasarían mucho tiempo en esta habitación. Esta parte de la sala sería ideal para que ellos jueguen.

La cocina ocupa casi toda el área del conocimiento. Por consiguiente, los ocupantes se sentirían bien estudiando en la mesa de la cocina.

El área de la carrera está en gran parte ubicada en la sala, aunque una pequeña porción está también en la cocina. Este sector de la sala sería ideal para colocar premios y trofeos que se relacionen con el trabajo. El área de la carrera de la cocina sería un sitio ideal para el teléfono, fax y cualquier otra cosa que se relacione directamente con la carrera de los ocupantes.

El área de los mentores también está en la sala. Esta es una parte buena de la habitación para departir o hablar con personas y mentores de mayor edad.

En el ejemplo anterior, hemos sido restringidos por las cuatro paredes; sin embargo, como usted sabe, las Aspiraciones avanzan interminablemente en todas las direcciones. Por consiguiente, en este ejemplo, los ocupantes deberían buscar riqueza en la dirección Noreste, fama en el Este, una relación en el Sureste, y así sucesivamente.

Habitaciones individuales

Podemos usar las aspiraciones del pa-kua para evaluar una habitación individual, e incluso algo tan pequeño como un escritorio. En mis viajes por el Lejano Oriente he visto muchos escritorios con un pequeño disco de metal que contiene unas pocas monedas colocadas en la posición de la riqueza.

Supongamos que vamos a situar el cuadrado mágico sobre la alcoba principal en la **Figura 5C**. La parte inferior del cuadrado debe alinearse con la entrada principal. Por consiguiente, el área de riqueza de la habitación estará en la esquina Sureste.

Los apartamentos pueden ser de cualquier forma. Por consiguiente, muchos parecen carentes de una parte cuando el cuadrado mágico es superpuesto sobre ellos. Sin embargo, esto no es necesariamente el problema que en principio vemos, pues cada habitación dentro del apartamento también contiene su respectivo cuadrado. Si su apartamento tiene forma de L y simbólicamente carente, por ejemplo, del área de la riqueza; puede remediar esto activando el área de la riqueza en diferentes habitaciones dentro del apartamento.

Los principios del feng shui pueden ser complejos al comienzo. La mejor manera de aprenderlos es situar un cuadrado mágico sobre un plano de su propio apartamento y ver cómo sus interpretaciones se comparan con la realidad. Es probable que usted encuentre que la mayor parte del apartamento es ya un ambiente positivo, pues instintivamente tendemos a hacer las cosas adecuadas. Usando feng shui, puede hacer "arreglos" necesarios para hacer su apartamento lo más perfecto posible. Una vez que lo ha logrado, estará bien ubicado en el camino de una vida de tranquilidad, abundancia y felicidad.

6

Las habitaciones individuales

Las dos habitaciones más importantes desde el punto de vista del feng shui son la cocina y la alcoba principal. Por supuesto, muchos apartamentos incluyen todo excepto el baño dentro de una habitación. Incluso en este caso, ciertas áreas de un apartamento de una sola habitación son usadas para propósitos específicos y pueden ser examinadas individualmente. En el siguiente capítulo miraremos con mayor detalle los estudios o apartamentos de una habitación.

La cocina

Tradicionalmente, la cocina siempre ha sido la habitación más importante en la casa. Esto es debido a que contiene el horno, que es considerado la base de la riqueza de la familia. La calidad y la cantidad de la comida preparada en esta habitación es importante; la cantidad porque aumenta la sensación de abundancia, y la calidad porque beneficia la salud de la familia. Por consiguiente, el refrigerador y la despensa deben estar bien surtidos. En Oriente, es materia de orgullo tener comida suficiente en la casa todo el tiempo para atender huéspedes inesperados.

La estufa, horno o microondas debe ser localizado en una posición donde el cocinero pueda ver fácilmente a cualquiera que entre en la habitación. No es bueno para quien cocina, hacerlo con la espalda frente a la puerta, ya que las personas que pasan cerca podrían causarle un susto, y por consiguiente, afectar la calidad de la comida. Un espejo situado encima o al lado de la estufa puede servir como remedio si no hay alternativa para reubicarla. Esto permite que la persona que cocina vea a todo aquel que entra, y además dobla simbólicamente la cantidad de alimento que sale del horno.

La estufa no debe mirar hacia la puerta frontal, a la puerta del cuarto del baño o a la entrada de la alcoba principal. En apartaestudios no debe apuntar hacia ninguna cama.

La estufa tiene que mantenerse limpia y funcionar adecuadamente. Cualquier cosa que no trabaje como debiera causa irritación y ch'i negativo. Si algo no funciona correctamente en la cocina, la base de la riqueza de la familia, causará también problemas en el sitio de trabajo.

Debe ocultarse cualquier drenaje o tubo tanto en el baño como en la cocina. Esto debido a que el agua representa dinero, y es mal feng shui verla drenarse.

Naturalmente, esta habitación necesita estar bien iluminada para permitir que entre el ch'i. Esto beneficia la comida y las personas que trabajan en la cocina.

El comedor

El área del comedor debe estar cerca a la cocina, pero tan lejos como sea posible de la puerta frontal. Esto se debe a que se cree que si sus invitados pueden ver esta puerta desde la mesa del comedor, comerán y se marcharán enseguida. Una división puede actuar como remedio para ocultar la puerta, si es necesario.

El comedor necesita dar la sensación de espacio. Es importante que las personas puedan levantarse de sus puestos en la mesa sin ser restringidos por las paredes o los muebles. Usted puede tener todos los muebles que quiera en el comedor, siempre que no impida el movimiento de los que están en la mesa.

Se piensa que las mesas redondas son las más conducentes a la conversación. Sin embargo, mesas cuadradas, rectangulares, ovaladas y pa-kua (de ocho lados) son también aceptables. Es bueno que las mesas cuadradas y rectangulares tengan esquinas ligeramente redondeadas para eliminar cualquier shar potencial.

Los espejos cumplen dos funciones en el área del comedor. Hacen que la habitación parezca más grande, creando la sensación de amplitud. También doblan simbólicamente la cantidad de comida que está siendo servida, dando la sensación de abundancia y bienestar.

El comedor necesita estar bien iluminado para estimular el ch'i dentro. Cuando es iluminado con velas es muy bueno siempre que haya entrado suficiente ch'i con anticipación.

Esta habitación debe sentirse espaciosa y acogedora. Esto es bueno desde el punto de vista de sus invitados, pero los Chinos tienen otra razón aun más importante para ello.

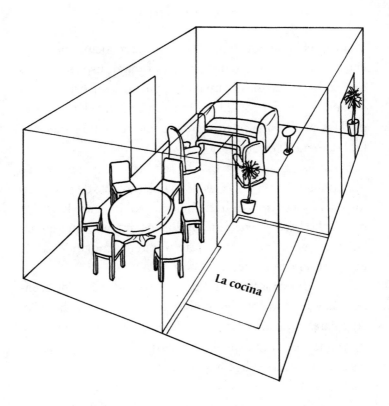

La cocina

Figura 6A: El comedor y la sala combinados

Ellos creen que si el comedor es confinado y restringido, sus finanzas también serán limitadas. Por consiguiente, muchas personas en la China prefieren que el comedor sea parte de la sala. Esto obviamente forma una habitación mucho más grande, sin paredes que limiten o restrinjan la fortuna de los ocupantes (**Figura 6A**).

La sala

Es una habitación importante ya que es donde los miembros de la familia se reúnen para relajarse y hablar. Es también donde se atiende a los invitados. Por consiguiente, debe ser cómoda y acogedora.

La sala debe reflejar las personalidades e intereses de sus ocupantes. Un estante puede mostrar libros sobre temas que interesen a los residentes. Pueden colgarse sobre las paredes o colocarse sobre las mesas diplomas y fotografías. Si algún ocupante colecciona algo, estos objetos pueden dar una imagen agradable. Mi madre solía coleccionar pollos de cerámica en canastas de mimbre que las colocaba en la sala de su apartamento. Esto no sólo mostraba su interés por la cerámica, sino que al ser iluminadas por el sol del atardecer, atraían ch'i beneficioso reflejando sus alegres colores alrededor de la habitación.

Idealmente, la sala debería de ser de forma regular. Pueden usarse espejos para rectificar habitaciones angostas en forma de "L". Los espejos sobre las paredes largas de estas habitaciones pueden crear el balance necesario; cuando están sobre cualquier lado del ángulo agudo que crea un shar, pueden hacerlo desaparecer simbólicamente.

Los muebles también deben reflejar las personalidades de los ocupantes. Tienen que ser confortables y de acuerdo a la medida de la habitación. La cabeza de la familia debería sentarse en una posición que le permita mirar hacia la entrada principal.

La alcoba

Después de la cocina, la alcoba es la habitación más importante del apartamento. Todos pasamos cerca de ocho horas al día durmiendo, por ende debería ser un lugar seguro donde se pueda disfrutar de un sueño profundo.

La mejor localización para la alcoba es tan lejos como sea posible de la puerta del frente. En el feng shui, la casa es a menudo dividida en secciones internas y externas. La sección externa incluye la entrada principal y contiene las habitaciones más públicas, que son la sala y el comedor. La sección interna contiene las habitaciones más privadas, como son el baño, el sanitario y las alcobas.

Es importante el alineamiento de la puerta de la alcoba. La entrada hacia la alcoba no debe estar en línea recta con la puerta del frente, pues esto eliminará la seguridad ganada al ubicar la alcoba en la sección interior del apartamento. La alcoba tampoco debe estar apuntando directo al baño o la cocina, ya que esto puede dirigir olores y ch'i negativo hacia ella.

La ubicación de la cama es extremadamente importante. Debería estar en una posición donde las personas que se acuesten en ella puedan ver a cualquiera que esté entrando a la habitación. La mejor localización es diagonal y opuesta a la puerta.

Las ocho localizaciones pueden ser usadas para ayudar a proveer una ubicación adecuada para la cama. Usted puede escoger la dirección que quiera, dependiendo de sus ambiciones personales. Sin embargo, usualmente, la cama es situada en las localizaciones de la Salud o la Longevidad. Sin embargo, también debe tomarse en consideración la

Figura 6B: Cama en posición de muerte

estética de la habitación. Si no puede ubicar la cama en la posición que quiere, podría situarla de tal forma que la cabeza señale la posición deseada.

El pie de la cama no debería mirar hacia la puerta (**Figura 6B**). Esta es conocida como la posición de "muerte", ya que recuerda a los Chinos la época en que los ataúdes eran alineados en los patios fuera de los templos esperando para ser enterrados.

Los travesaños visibles son considerados shars, sin importar en qué habitación estén. Son particularmente malos en la alcoba si cruzan sobre la cama. La persona que duerme en esta cama es probable que tenga problemas de salud en la parte del cuerpo que está directamente bajo la viga expuesta. Por ejemplo, si esta cruza sobre el pecho de la persona, podrían resultar problemas de respiración o dolores en el pecho. Si no hay alternativa para evitar estos travesaños, es mejor que avancen a lo largo de la cama y no transversalmente.

El borde de la cabeza de la cama debe estar en contacto con una pared. Sin embargo, no tiene que ser situada directamente bajo una ventana, pues se expondrá a corrientes de aire y también se sentirá inseguro. Un lado de la cama puede estar en contacto con una pared para obtener apoyo adicional. Debe hacer esto solamente si quiere dormir solo. Si la cama no toca ninguna pared, carecerá de soporte y los ocupantes se sentirán inquietos y encontrarán muy difícil dormir placenteramente.

Los espejos son buenos en cualquier parte del apartamento, pero deben ser usados cuidadosamente en la alcoba. No deberían mirar hacia el pie de la cama. Esto es debido a que pueden asustar a quien está durmiendo si se despierta en algún momento durante la noche, ya que su reflejo podrá verse en el espejo luciendo como un fantasma. Se cree que los espejos en esta posición crean grandes problemas en una relación.

Tampoco deben estar directamente opuestos a la puerta de la alcoba, porque pueden enviar de regreso las energías que reciben, causando confusión al ch'i que trata de entrar a la habitación.

Los espejos pueden ser extremadamente útiles en la alcoba si la cama es situada en una posición donde los ocupantes no puedan ver fácilmente a quien está entrando en la habitación; en este caso, puede usarse un espejo para permitir la entrada y cualquier visitante sea visto.

Los ocupantes de la cama deben tener una visión agradable cuando despiertan en la mañana. Esto podría ser una perspectiva atractiva de la ventana o tal vez una foto enmarcada sobre la pared.

La ventana debe permitir la entrada de aire fresco y sol durante el día. Sin embargo, no es considerado bueno tener luz solar directa sobre la cama. Necesitamos que entre todo el ch'i posible a los apartamentos durante el día. La mayor parte de energía entrará a través de la puerta, pero algo de ella entra por las ventanas. Muchas alcobas son usadas también para otros propósitos, tales como el estudio. En estos casos, es esencial ch'i adicional para proveer la vitalidad, entusiasmo y estimulación necesarios para estudiar o trabajar.

Asegúrese que no hay shars externos atacando la habitación a través de las ventanas. Las cortinas suministran un remedio, si esta es la situación. Los shars pueden ser un problema en las habitaciones de recién nacidos. Si su bebé llora todo el tiempo, busque shars dentro y fuera de la habitación. Probablemente encontrará que dicho problema cesará una vez que los shars hayan sido rectificados.

Los tocadores, escritorios y cómodas no deben ser ubicados próximos a la cama, ya que se cree que interrumpen el flujo de ch'i.

El papel de pared y la alfombra en las alcobas deben armonizar con el elemento personal de los ocupantes. El elemento que precede el de ellos en el Ciclo Productivo es también bueno. De hecho, el elemento precedente es mejor para las habitaciones de los niños que su elemento personal.

El sanitario

Cuando sea posible, los sanitarios deberían ser ubicados próximos a una pared externa del apartamento y ser lo más oculto posible. Deben estar en las áreas negativas del apartamento. Si el sanitario es localizado en los sectores de la riqueza, fama o carrera, por ejemplo, éste "desechará" las oportunidades de los ocupantes. Obviamente, no es práctico cambiar su posición si usted está ya en el apartamento. Los remedios son taparlo y mantener la puerta cerrada. También es buena idea tener un espejo en la parte exterior de la puerta del sanitario para hacer desaparecer simbólicamente la habitación.

El sanitario no debe estar en el centro del apartamento. En esta localización, el ch'i negativo producido se esparcirá por todo el apartamento.

Los sanitario están destinados a estar ocultos; por consiguiente, no deberían ser demasiado grandes. Es mejor tener un cuarto separado para el baño. Esto no es posible en muchos apartamentos. Si son combinadas las dos habitaciones, sepárelas con una pared de media altura para proveer un grado de privacidad y para disipar el ch'i negativo.

El cuarto de baño

El sanitario y el baño representan la posición financiera de los ocupantes porque son lugares donde se usa el agua (dinero). Por consiguiente, estos cuartos no deben ser visibles desde la puerta frontal o mirar directamente hacia la alcoba principal. Tampoco deben estar en la posición de la riqueza.

La peor posición para el baño es el centro del apartamento. En esta localización será enviado ch'i negativo alrededor de toda la casa. El remedio para esto es tener un espejo grande sobre la parte externa de la puerta, y dos espejos que se reflejen entre sí dentro del mismo baño. Si se tienen espejos en las cuatro paredes es aun mejor.

El baño debe estar bien iluminado y ventilado. Los colores tienen que ser delicados para mantener la armonía en el hogar. Los espejos grandes son buenos en esta habitación, pero evite las baldosas que reflejan como espejos, ellas crean un efecto de red que restringe el flujo de dinero.

Naturalmente, el baño y el sanitario deben ser mantenidos escrupulosamente limpios. Tapas y tubos con escapes indican que el dinero se está yendo. Los problemas deben ser arreglados tan pronto como ocurren.

El baño en la alcoba principal

Esta clase de baños se han vuelto populares últimamente y son nombrados con frecuencia cuando se anuncia para la venta una casa o apartamento. Desafortunadamente de acuerdo a los principios del feng shui, debe haber una clara división entre el baño y la alcoba, y por consiguiente, baños de este tipo no son recomendados ya que envían ch'i negativo hacia a la habitación. Si su apartamento contiene un baño en la alcoba, mantenga la puerta cerrada a todo momento.

Su apartamento puede contener todas o la mayoría de las habitaciones mencionadas. Sin embargo, si es un apartamento pequeño, la mayoría de estas habitaciones serán combinadas. Veremos los apartaestudios en el siguiente capítulo.

7

Apartaestudios

Consisten de una habitación principal, una cocina y un baño. Sin embargo, he estado en muchos apartaestudios donde el baño era comunal, compartido con los ocupantes de otros apartaestudios del mismo piso del edificio.

Algunos de estos apartamentos son extremadamente pequeños y hay una tendencia a tener demasiados muebles, que restringen el flujo suave del ch'i alrededor de la habitación. Los corotos son otro grave problema de los apartamentos pequeños, y los ocupantes necesitan ser bien organizados y disciplinados para mantener todo en su sitio adecuado.

La forma ideal es la cuadrada, rectangular o en "L". No es usual considerar positiva la forma de L en el feng shui. Sin embargo, en este caso, casi crea otra habitación que ha de servir como alcoba o área de comedor.

Use las aspiraciones del pa-kua o su triagrama personal para determinar las posiciones positivas y negativas.

Con un apartaestudio, yo estaría más inclinado a usar las aspiraciones, aunque también me dirigiría a los triagramas para asegurar que el apartamento pertenece al mismo grupo mío.

La localización más importante en un apartestudio es la posición de la cama. Una vez que esto se ha decidido, el resto de la habitación puede ser arreglada alrededor de ella. Usted puede ser afortunado y tener dos o más diferentes posiciones convenientes para la cama. En este caso, puede escoger el lugar de acuerdo a las ocho localizaciones o las aspiraciones del pa-kua. Es más común, especialmente en apartamentos muy pequeños, encontrar que sólo hay un sitio práctico para ubicarla.

La cama debe sentirse protegida. Podría necesitar una división movible alrededor de ella, o tal vez un estante para libros o algún otro mueble para protección simbólica. La cama deberá estar en contacto con una pared, y los pies no deben mirar directamente a la entrada del apartamento; tampoco debe estar cercada por paredes u otros muebles. En una ocación pasé varias noches durmiendo en una cama que tocaba las paredes en tres lados; me sentí confinado y restringido, a pesar de que la cama era de tamaño normal. Cualquiera que durmiera en ella por algún tiempo experimentaría restricciones y limitaciones en la vida.

Si el apartamento tiene un techo inclinado, la cama tiene que ser ubicada cerca al punto más alto. El ch'i se restringe cada vez más entre más bajo esté el techo. Tanto los techos con pendiente como los travesaños expuestos afectan el movimiento del ch'i en forma negativa y por eso deben ser evitados si es posible.

Muchos moradores de apartamentos usan la cama como sofá durante el día. En este caso, la cama debería estar hecha lo más parecida posible a un sofá. Usted podría usar una cubierta de color claro y grandes cojines. Si la cama no está siendo usada durante el día, podrá usar una división para ocultarla.

Si el área de la cocina es también parte de la habitación, puede además requerir aislarla cuando no esté siendo usada.

Ubique la mesa de tal forma que pueda recibir bastante luz. Esto es bueno y es especialmente importante si es usada como mesa de trabajo además de mesa de comedor. Asegúrese que hay espacio alrededor de la mesa. Necesitamos tener la sensación de amplitud alrededor de nosotros cuando trabajamos o comemos.

El sofá debe ser situado en un área que se sienta cálida y confortable. Debe poder ver la puerta frontal desde cualquier parte que se siente. Si va a usar el sofá mucho tiempo, alineelo de tal forma que pueda ver la puerta del frente sin voltear la cabeza.

Una vez que la cama, la mesa y el sofá han sido ubicados, el resto de los muebles pueden ser situados como usted desee.

El apartamento debería dar la sensación de equilibrio y armonía. Por consiguiente, deberá pensar cómo acomodar el resto de sus pertencencias. Naturalmente, su apartamento debe reflejar su personalidad e intereses, incluso si va a vivir ahí sólo un corto tiempo. Coloque fotografías y otros objetos preciados donde usted y sus invitados puedan verlos fácilmente.

Si trabaja en su apartamento, necesitará separar el área del trabajo de la vivienda. Un amigo mío que está tratando de hacer una carrera en Hollywood como guionista, trabaja en un escritorio con la cama detrás de él, fuera de su vista. Tiene una panorámica agradable desde su ventana, y así ha logrado "encontrarse" lejos de su hogar cuando está escribiendo. Una vez finaliza su labor diaria, coloca una división alrededor del escritorio para no ver el computador. Esto significa que cuando está trabajando, puede enfocarse en su trabajo, sin ser distraído por otras cosas dentro del apartamento. Cuando no está trabajando, el área de trabajo es ocultada, de este modo puede disfrutar su tiempo libre sin recordar constantemente sus labores.

La prueba del apartaestudio

Párese en la entrada de su apartamento y mírelo tratando de hacerlo con los ojos de alguien que no ha estado ahí antes. Hágase estas preguntas:

- ¿Está desordenado, lleno de corotos? Si es así, el ch'i no fluirá suavemente y su salud y buena suerte serán afectadas. Encuentre un un sitio para todo, en vez de dejar que los corotos se acumulen en el piso o las mesas.

- Aunque el apartamento sea pequeño, ¿da la impresión de espacio? Los espejos pueden ser usados para doblar simbólicamente el tamaño de la habitación. Es particularmente importante tener espacio alrededor de la cama y la mesa.

- ¿Hay suficiente luz, especialmente en la entrada, para estimular a que entre el ch'i? La mayor parte del ch'i entra por la puerta principal. Esta área necesita ser mantenida bien iluminada para activar el ch'i y hacer que el apartamento se sienta cálido y acogedor.

- ¿Hay algunas esquinas oscuras? El ch'i estancado y negativo se puede acumular en estas áreas. Aumente la luz y cuelgue cristales para hacer que el ch'i beneficioso llegue a estos sectores.

- ¿Se siente relajado una vez que está adentro? Su apartamento es su hogar. Debe ser un lugar donde se sienta totalmente relajado. Tiene que poder dejar todas las preocupaciones del mundo tras de usted cuando cierra la puerta. Si no se siente así, tendrá que tomar ciertos pasos para mejorar el feng shui del apartamento y convertirlo en un "hogar".

- ¿El color es agradable? Idealmente, el color debería relacionarse con su elemento personal. No se sentirá totalmente en casa, por ejemplo, si pertenece al elemento fuego, pero vive en un apartamento con paredes azules (lo cual se relaciona con el agua).

- ¿Tiene expuestos algunos elementos personales que reflejen sus intereses? Hace muchos años viví en un apartamento pequeño en Glasgow. El apartamento era desierto y poco atractivo, pero se convirtió en un "hogar" para mí tan pronto como puse a la vista algunos dibujos calcados que había hecho. Cuando llegaba a casa después de salir del trabajo, era lo primero que veía, e inmediatamente me acordaba de los momentos que había disfrutado visitando iglesias buscando piezas de bronce monumentales que pudiera calcar.

- ¿Puede ver la puerta frontal desde su cama, y desde donde normalmente se sienta y se relaja, sin voltear su cabeza más de cuarenta y cinco grados? Si al sentarse, su espalda mira hacia la puerta, está simbólicamente desprotegido y sin apoyo. inconscientemente sentirá más control al poder ver la entrada principal.

- ¿Hay algunos shars proyectados a la entrada principal o a las ventanas? Si es así, use los remedios del feng shui para eliminarlos. Un espejo pa-kua es la forma más efectiva para deshacerse de los shars. Otro método efectivo es colgar cristales o campanas de viento.

- ¿Ha activado las áreas de su apartamento que necesita estimular para mejorar su propia vida? Si desea aprender más acerca de algo, ubique lo indicado para que represente el tema de interés en el área del Conocimiento. Si quiere tener una relación, coloque algo que la represente en el área del Matrimonio. Incremente la luz en las áreas que son de interés especial; mantenga estos sectores limpios y bien cuidados.

Como usted puede ver, a un apartamento de una habitación se le puede aplicar el feng shui exactamente de la misma forma que a apartamentos grandes o casas; en lugar de usar habitaciones individuales, áreas separadas son creadas para diferentes propósitos.

He estado en muchos apartaestudios que se sienten mucho más confortables, acogedores y espaciosos que un gran número de apartamentos más grandes sin el esquema del feng shui.

Hace algunos años alguien me dijo que nunca conseguiría fortuna en su vida viviendo en una sola habitación, cercado y restringido por cuatro paredes. Siempre que él pensaba eso, esta afirmación era cierta. Sin embargo, si hubiera puesto atención al feng shui de su apartamento, particularmente en lo concerniente al sector de la riqueza, habría disfrutado de sensaciones de abundancia consiguiendo finalmente todo el dinero deseado.

El tamaño del apartamento no es limitante para la salud, riqueza o felicidad. Si usted arregla sus pertenencias de la manera correcta, incluso los apartamentos más pequeños pueden convertirse en lugares seguros que le traerán todo lo que desea.

8

Cómo conducir una evaluación de feng shui

Ahora que ya conoce los principios básicos del feng shui, se encontrará usándolo cada vez que visite un lugar por primera vez. Usualmente recibo una sensación intuitiva de la habitación o casa antes de mirar y analizar las diferentes localizaciones. Encuentro fascinante que, aunque la mayoría de la gente organiza los apartamentos sin ningún conocimiento de feng shui, generalmente lo hacen correctamente en un noventa y cinco por ciento. La mayor parte de mis consultas involucran finas modificaciones en lugar de grandes cambios.

Un ejemplo de esto sucedió hace poco tiempo. Carlos y Luisa son dos amigos míos; se habían casado recientemente y estuvieron pensando comprar un apartamento al nivel de la tierra en un pequeño condominio. Me pidieron que fuera con ellos a mirarlo antes de tomar una decisión.

Carlos nació en Diciembre 3 de 1968, lo cual indicaba que su triagrama personal era K'un; Luisa nació en Septiembre de 1972, y por ende tenía a Ken como su triagrama personal. Esto significaba que ambos pertenecían al grupo de las Cuatro Casas del Oeste y conseguirían su máxima felicidad en un apartamento ubicado hacia el Noroeste, Suroeste, Noreste u Oeste.

Me alegré al ver que el apartamento que ellos habían pensado adquirir se situaba hacia el Noreste (**Figura 8A**). Este fue un excelente comienzo.

Luego nos dirigimos hacia un camino curvo que avanzaba hasta la puerta frontal. No había shars afectando la entrada principal y se vislumbraba un río cerca. Esto era una señal positiva, ya que el agua frente a la propiedad brindaba la oportunidad de mejorar económicamente.

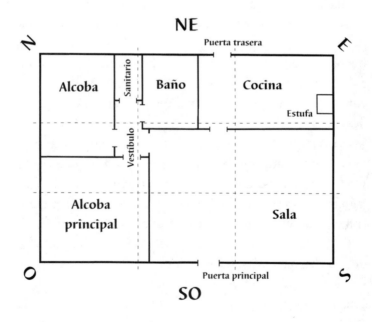

Figura 8A: El apartamento de Carlos y Luisa

Ellos tendrían una visión mucho mejor del río si cortaban un seto al regresar.

La puerta frontal abría directamente hacia un área de vivienda espaciosa. Desde la puerta del frente podía ver la cocina y la puerta trasera. También podía observar una puerta corrediza que guiaba a las alcobas. No es bueno que se vea la puerta trasera desde la entrada principal, ya que el ch'i entrará e inmediatamente saldrá por dicha puerta. Además es un factor negativo divisar la cocina desde la puerta frontal, pues sus invitados inmediatamente pensarán en comida. Sin embargo, es fácil solucionar esto cerrando la puerta de la cocina cuando no se esté usando; así se eliminan ambos problemas.

La puerta corrediza que lleva a las alcobas estaba en la localización de la riqueza de la sala. Sería buena idea para Carlos y Luisa mantener esta puerta cerrada también, para retener la riqueza dentro de la habitación.

La puerta frontal tenía buena iluminación y la sala era como un imán que atraía el ch'i hacia adentro.

La cocina tenía buen tamaño y poseía un amplio espacio para una mesa y las sillas. También tenía un amplio espacio entre mesones, pero la ubicación del horno era tal que cualquiera que lo usara le daría la espalda a quien estuviera entrando a la habitación. Esto podía ser solucionado colgando un espejo encima o al lado de la estufa.

Atravesamos el pequeño vestíbulo para llegar a la alcoba principal. Era de buen tamaño, pero se sentía fría y oscura ya que las únicas ventanas estaban al Noroeste. Esto significaba que virtualmente no recibía luz solar. Ellos tendrían que colgar un cristal para incrementar la luz y así lograr que el ch'i entrara a la habitación.

Un problema más grave era que la entrada de la alcoba miraba inmediatamente hacia la entrada del sanitario. Esto significaba que el ch'i negativo si iría por el aire directo hacia la alcoba. El remedio para esto es mantener la puerta del sanitario cerrada.

La segunda alcoba miraba hacia el Norte y era también fría. La diferencia en temperatura entre la cálida sala, la cocina y las dos alcobas era increíble. Las personas tendrían que ser levantadas todas las mañanas para aprovechar el sol.

Fue bueno ver cuartos separados para el sanitario y el baño. Esto da a los usuarios más privacidad y ayuda a disipar el ch'i negativo.

En general, parecía ser un apartamento agradable con pocos defectos, los cuales podían ser remediados con sólo un pequeño esfuerzo.

Luego dibujé un plano del apartamento y superpuse un cuadrado mágico para así trabajar las aspiraciones del pa-kua.

La localización de la riqueza consistía de dos tercios de la segunda alcoba, una tercera parte del vestíbulo y la mayor parte del sanitario. Este último era el aspecto más negativo de esta localización, ya que toda la fortuna de la familia se desecharía. Sin embargo, la segunda alcoba, fría y oscura, también era negativa pues tendía a disipar el ch'i beneficioso en lugar de atraerlo.

El remedio para todo esto es mantener cerrada la puerta del sanitario. Carlos y Luisa deberían colocar un espejo grande sobre la parte externa de esta puerta. Los espejos también pueden ser ubicados sobre dos paredes opuestas dentro del cuarto del sanitario para hacerlo desaparecer simbólicamente. De hecho, sería aun mejor colocar espejos sobre las cuatro paredes.

La luz y el calor deben activarse en la alcoba. Colgar un cristal con una cinta roja ayudaría a atraer el ch'i y a incrementar la iluminación. Las cortinas deben ser movidas en la mañana para aprovechar el sol matutino.

En adición, algo debería ser hecho en la alcoba para estimular la prosperidad. Carlos pertenece al elemento tierra y Luisa es agua. El elemento que está entre ellos en el ciclo de producción es el metal. El metal se relaciona con dinero, y es particularmente beneficioso para esta pareja ya que también remedia el hecho que la tierra y el agua estén opuestos en el ciclo de destrucción. Ellos deberían tener un objeto metálico atractivo en esta habitación para aumentar sus prospectos de riqueza. Esto podría ser un simple adorno o puede ser algo relacionado más específicamente con el dinero, como una serie de monedas Chinas colgadas en la pared con un hilo rojo.

Un acuario también podría ser favorable en esta habitación. Sin embargo, ya que el cuarto es oscuro y frío, podría ser mejor ubicar el acuario en la posición de la riqueza de la sala donde sería notado y admirado.

La posición de la fama estaba ocupada por el baño y una cuarta parte de la cocina. Estos son lugares donde se usa el agua, lo cual efectivamente significa que se drenaría la reputación de la pareja en la comunidad.

El remedio para esta situación es estimular el ch'i para que se levante de las tuberías y drenajes. Los cristales pueden hacer esto, y deberían colgarse campanas de viento cerca de la puerta frontal, que también está en la localización de la fama. Las campanas de viento podrían ser amarillas, cafés, azules o negras (esto debido a que Carlos pertenece al elemento tierra y Luisa al elemento agua).

La presencia de una puerta trasera es muy favorable. En el feng shui, una casa sin una puerta trasera es considerada peligrosa pues hay sólo una entrada y una salida. Muchos apartamentos tienen sólo una entrada. Una de las razones por las que este particular apartamento gustó a Carlos y Luisa fue su puerta trasera.

El sector del matrimonio consta de dos tercios de la cocina, que contiene el horno, base de la fortuna y buena suerte de la familia. Este no es usualmente el mejor lugar para el sector del matrimonio, sino que debido a lo grande de la cocina, Carlos y Luisa probablemente pasarían muchas horas sentados junto a la mesa.

Sin embargo, ellos no desearían que su relación se disipara a través del agua que está fluyendo. Por consiguiente, deberían incluir en esta habitación algunas cosas que les representen amor y compromiso. Estas podrían ser fotografías de los dos juntos, cartas de amor y tarjetas de cumpleaños.

La posición de la familia consta de una tercera parte de la alcoba principal, una tercera parte de la segunda alcoba y dos tercios del vestíbulo. Esta área se relaciona con la salud y el bienestar de los seres amados, y está bien situada pues estos aspectos son enfatizados precisamente en esta ubicación.

La localización de los niños ocupa una cuarta parte de la sala. Ellos no están planeando tener hijos por ahora, así que no activaron esta área (si hubieran querido, podrían haber colgado fotografías de miembros jóvenes de una familia y colocado juguetes o cualquier cosa que les recuerde a los niños).

El sector del conocimiento toma dos tercios de la alcoba principal. Este es un mejor lugar para ubicar libros, archivos, papeles y equipo de oficina, que para dormir; sin embargo, podría ser buena habitación para un estudio. Luisa está haciendo un curso de decoración de interiores, luego esta localización sería conveniente para su aprendizaje.

La posición de la carrera abarca un cuarto de la sala que incluye la puerta frontal. Esto la hace un buen lugar para un escritorio, teléfono y cualquier cosa que se relacione con sus carreras o profesiones. Está bien iluminada, pero podría activarse más con cristales si así se desea (Luisa planea comprar un candelabro para ubicarlo en el centro de la sala, el cual ayudará a activar el ch'i de todo el apartamento y particularmente las localizaciones dentro de la sala).

El sector de los mentores ocupa la última cuarta parte de la sala. Luisa está muy interesada en los ángeles guardianes, por eso tiene la intención de activar esta área con cuadros y adornos de ángeles.

Este apartamento es bastante normal, contiene una mezcla de localizaciones malas y buenas. Sería imposible encontrar uno totalmente perfecto, después de todo los remedios requeridos para mejorar el feng shui de éste son todos sencillos de realizar.

Sin embargo, antes de darles las buenas noticias, también hice una evaluación usando las ocho localizaciones.

El apartamento se ubica hacia el Noreste y pertenece al triagrama Ken. Es el último apartamento de un edificio rectangular que también se sitúa hacia el Noreste.

Las direcciones positivas son: Noreste (principal), Noroeste (salud), Oeste (longevidad) y Suroeste (prosperidad). Las negativas son: el Sureste (muerte), Sur (desastre), Este (seis shars) y Norte (cinco fantasmas).

La localización principal incluye el baño y una cuarta parte de la cocina. Este sector es llamado con frecuencia la localización de la "buena vida", y es buen lugar para puertas y camas. Por desgracia, tenemos agua fluyendo en ambas habitaciones; por eso, tendrán que usarse remedios para eliminar los efectos adversos. Los remedios ideales son luz adicional, cristales y un acuario.

La dirección de la salud es el Noroeste e incluye un tercio de cada una de las alcobas principal y secundaria además de dos terceras partes del vestíbulo. Esta es una localización excelente para la alcoba principal y, si el área es estimulada, atraerá amigos y salud a los ocupantes del apartamento.

La localización de la longevidad es hacia el Oeste. Esta ocupa dos tercios de la alcoba principal y no debe ser alterada ya que trae paz, armonía, felicidad, buena salud y larga vida a las personas que duermen en esta habitación.

La dirección de la prosperidad es el Suroeste. Esta ocupa un cuarto de la sala y es la dirección de mayor fortuna en el apartamento. Es una localización para un escritorio donde han de ser pagadas las cuentas de la familia y concretadas las inversiones. El candelabro que Luisa desea colocar marcará al final una notable diferencia en la prosperidad familiar. Es además la mejor localización para la puerta frontal, que afortunadamente está en dicha dirección.

La primera localización negativa es la muerte, que está en el Sureste. Esta ocupa un cuarto de la sala y es la peor posición en la casa. Habría sido el lugar perfecto para el sanitario y el baño. Esta dirección se relaciona con enfermedades y desgracias. Afortunadamente, el candelabro enviará luz hacia todas las partes de la localización, incrementando de este modo el ch'i positivo.

La dirección del desastre es el Sur. Ocupa otra cuarta parte de la sala y se relaciona con la ira, disputas y peleas. No deben ubicarse sillas ni sofás en este sector de la sala; sería un buen lugar para el televisor y el estéreo.

La dirección de los seis shars es el Este. Esta consta de dos tercios de la cocina, la cual está bien ubicada aquí.

La última dirección es la de los cinco fantasmas, o sea el Norte. Esta área está compuesta de dos terceras partes de la segunda alcoba, el sanitario y dos tercios del vestíbulo. El sanitario está bien ubicado aquí; sin embargo, la dirección de los cinco fantasmas se asocia al fuego y al robo. Es importante que no se permita fumar a nadie en esta área, y a su vez debe dejarse bien cerrada cuando los ocupantes salgan del apartamento.

Expliqué todo lo anterior a Carlos y Luisa, y les recomendé que compraran el apartamento. Están muy felices en su nuevo hogar. Luisa tiene una capacidad instintiva acerca de la ubicación correcta de los muebles para permitir que el ch'i fluya a través del apartamento con la menor interferencia posible.

A continuación muestro otro ejemplo, esta vez un apartaestudio. José es un electricista que ingresó nuevamente a estudiar leyes. Me consultó porque una antigua novia lo había advertido de un shar dentro de su apartamento. José nació en Julio 4 de 1972, lo que indicaba que su triagrama era K'an, una de las Cuatro Casas del Este. Su apartamento compartía el triagrama K'an ya que se situaba hacia el Norte.

El apartamento de José tenía una sóla habitación localizada en la que había sido originalmente una gran mansión. El edificio está ahora muy arruinado y se ha convertido en una construcción de doce pequeños apartamentos. Todos los demás apartamentos usan la entrada principal del edificio, pero José tiene su propio acceso que lo guía hacia un pasillo largo y oscuro; al final de este vestíbulo está su habitación (**Figura 8B**).

Su novia consideró que este largo pasillo era shar ya que estaba en línea recta. Esto es cierto, pero está dirigido hacia una pared ubicada al extremo final, así que el shar no afecta directamente a José. El principal problema de un vestíbulo largo como este en la entrada es que el ch'i entrará velozmente a través de el y rebotará en el apartamento. Le sugerí que colocara dos espejos sobre cada lado del pasillo. Esto retrasa el ch'i pues pasará de un espejo a otro, de lado a lado. Por consiguiente, el ch'i perderá velocidad y se moverá de manera ondulatoria por el vestíbulo. Ya que José estaba preocupado por lo que su novia le había dicho, le recomendé también que colgara un espejo grande al final del pasillo para remover el shar simbólicamente.

José tenía unas lámparas con varios cristales. No lo había colgado porque su intención era permanecer poco tiempo en el apartamento. Le sugerí que lo colgara al lado de la entrada a la habitación principal; esto atraería el ch'i y lo haría rebotar hacia todas las direcciones. Además le recomendé que instalara mas luces a lo largo del pasillo para hacerlo más reluciente y acogedor. Hacer esto fue fácil para él pues solía ganarse la vida como electricista.

La entrada a la habitación principal era alegre y permitía una vista clara del apartamento. Derecho hacia adelante se encontraba una pequeña área de cocina y detrás de ella estaba un cuarto de baño. A la derecha, José tenía una mesa, unas sillas y un juego de sala.

Al lado de la pared opuesta, enseguida del baño, estaba su área de estudio, que estaba separada de la cama por un estante para libros. La habitación era acogedora y confortable.

Empecé mis análisis usando las aspiraciones del pa-kua. Es posible hacer esto habitación por habitación. En lugar de situarme en la entrada principal del apartamento, lo hice desde la puerta que guía a la habitación de José.

Desde esta perspectiva, faltaba el sector de la riqueza, ya que esta área era ocupada por el baño. José rió cuando le dije esto, pues él es un estudiante muy ocupado que alterna

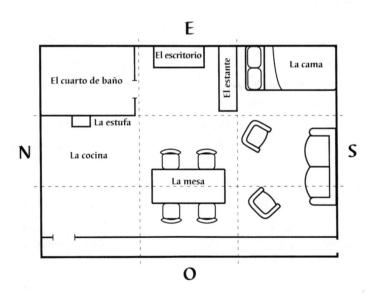

Figura 8B: El apartamento de José

sus estudios con tres trabajos de medio tiempo. De todos modos, le sugerí que colocara un espejo en cada lado del ángulo creado por el baño. Esto además sirvió para otro propósito. Cuando José usaba el horno, su espalda miraba a la puerta; esto indicaba que estaba simbólicamente desprotegido, aunque viviera solo y cualquiera que se acercara tendría que caminar primero a lo largo del pasillo. Ubicando un espejo en esa posición también podría ver a quien estuviera entrando sin tener que voltear.

El área de estudio del apartamento está localizada en el sector de la fama. Esta es una buena posición ya que su intención es de convertirse en un buen abogado una vez empiece a laborar en esta profesión.

El estante para libros también está bien ubicado. Contiene los libros en una posición de fácil acceso para José mientras está estudiando, y además separa el área de dormitorio del área de trabajo.

La cama está ubicada en el sector del matrimonio. José se asombró, pues recientemente había terminado una larga relación y no quería comenzar otra por el momento. La cama enfatizaba lo contrario. La única luz en esta área era una lámpara al lado de la cama, que el encendía solamente cuando quería leer algo acostado. Cuando él esté listo para un nuevo compromiso, podría fácilmente activar este sector con más luz, un cristal colgante y un afiche romántico.

El área de la cocina estaba en la localización de la familia. Esta es una buena ubicación pues a él le gusta recibir visitas; es un excelente cocinero y pasa mucho tiempo en esta parte de la habitación, preparando comida para sus invitados. La única parte adversa de esta área era la ubicación de la estufa, lo cual podría ser fácilmente remediado con un espejo, como se mencionó anteriormente.

El centro espiritual o de la buena suerte estaba ocupado por una mesa y unas sillas, que además se distribuían en el sector de la carrera. José y sus invitados disfrutarían sentados alrededor de la mesa, hablando acerca de un amplio rango de temas. Ya que muchos de sus invitados eran compañeros de estudio, gran parte de lo que alternaban se relacionaba con sus estudios y futuras profesiones.

A propósito, José instintivamente hizo algo que con frecuencia recomiendo a las personas que viven solas. La mayoría en esta situación se sientan en la misma silla todos los días, y las otras sillas no son usadas. José deliberadamente cambiaba de puesto, para de esta forma poder tener una "diferente perspectiva del mundo" La razón para esto en el feng shui no es la misma. Cuando todas las sillas están siendo usadas, simbólicamente motivamos a las personas a que nos llamen y visiten. De lo contrario estamos insinuando a los demás que se alejen y que nos dejen solos.

El sofá y los dos sillones estaban situados en los sectores de los niños y los mentores. El pensaba que se situaban perfectamente ahí porque sus visitantes variaban; algunos eran divertidos y respondían al sector de los niños, pero otros eran de mayor edad, y por consiguiente eran mentores desde el punto de vista de José. Ambos grupos se sentirían felices en esta parte de la habitación.

Sugerí que José se sentara en el sofá más frecuentemente que en los sillones. Esto debido a que desde el sofá se tenía una vista clara de la habitación y la entrada; tomando así una posición de mando.

El área del conocimiento estaba en gran parte desperdiciada, pues era la entrada de la habitación. José tenía bastantes libros en el escritorio, por eso le sugerí que comprara otro estante y lo colocara en el sector del conocimiento.

El sector de la carrera estaba ocupado parcialmente por la mesa y las sillas. Sin embargo, sobre la pared, él tenía una fotografía de su abuelo que había sido juez. Había hecho esto instintivamente, pero era la posición perfecta para colgarla, ya que le recordaba el camino que debería seguir.

El principal problema del apartamento eran los corotos. José era bastante desorganizado y por eso habían papeles y libros por todas partes. Esto fue remediado fácilmente, comprando un nuevo estante para libros, obteniendo así espacio suficiente en el antiguo estante para almacenar sus archivos y papeles.

José era bastante intuitivo y había hecho casi todo correctamente. Una vez que hizo los cambios que le recomendé, encontró más fácil estudiar y ahora se encuentra a sólo un año de obtener su grado en la escuelas de leyes.

También usé las ocho localizaciones para evaluar su apartamento. Esto se hace desde la dirección de ubicación del apartamento, la cual era el Norte.

La localización principal está en el Norte y comprende el área de la cocina. Esta es una localización muy favorable que habría sido un buen lugar para el dormitorio. Ya que le gustaba trabajar en su cocina, esta es una buena ubicación para él.

La localización de la salud está al Este. Aquí es el área de estudio. Tal sector trae vitalidad y energía, lo que necesita José durante las largas horas que pasa estudiando en su escritorio.

La dirección de la longevidad está al Sur, donde él tiene el sofá y los sillones. Esta área provee paz y armonía y asegura que sus amigos pasen un rato divertido cuando lo visitan.

La dirección de la prosperidad es el Sureste. Aquí tiene ubicada su cama. Esta sería la mejor localización para el escritorio, y está en gran parte desperdiciada, pues es el sector menos iluminado de todos. José es actualmente un estudiante, y su atención está dirigida hacia sus estudios más que a obtener riqueza. De todos modos, el dinero es necesario, por eso podría activarlo aumentando la luz en esta parte de la habitación. Si él estuviera preocupado por hacer eso debido a que también podría producir una relación (este es el área del matrimonio usando las aspiraciones), podría usar un pequeño contenedor de metal con algunas monedas para activar la riqueza en lugar de un compromiso.

José escogió intuitivamente dormir con su cabeza apuntando en la dirección principal. En este caso, no habría importado que durmiera con su cabeza en el otro extremo de la cama, porque así señalaría hacia la dirección de la longevidad, otra localización positiva. Mi única preocupación por esta posición al dormir era que él no podría ver a quien entraba a la habitación, lo que haría fácilmente durmiendo en la otra posición. Como solución, un simple espejo eliminó este problema.

La dirección de la muerte es el Suroeste. Aquí está la entrada principal y también incluye parte del área de entretenimiento. Esta podría ser una excelente localización para el sanitario, y a su vez es la peor localización para la puerta frontal. Afortunadamente, aunque esta puerta está en dicho sector, apunta derecho hacia el Sur.

Si hubiera apuntado hacia el Suroeste, José se habría arriesgado a perder su dinero y su reputación. Cuando él aumentó la luz en la entrada, limitó efectivamente lo negativo de esta dirección.

La dirección del desastre es el Oeste. Este sector incluye media sección del vestíbulo y parte del área de comedor. Se relaciona con discusiones y peleas. Afortunadamente, hay una lámpara en este sector para activar ch'i beneficioso. Yo le recomendé que colgara un pequeño cristal en la pared.

La dirección de los seis shars es el Noroeste. Este sector contiene la entrada que viene del vestíbulo hacia la habitación principal. Se relaciona con asuntos legales y mala salud. El espejo en el extremo del pasillo y la instalación de luz que finalmente colocó en esta localización actúan como buenos remedios. Esta área también se asocia con demoras. Afortunadamente, esta parte del apartamento es usada sólo para entrar y salir de la habitación. No hay tiempo para realizar alguna actividad en este sector.

La dirección de los cinco fantasmas es el Noreste; aquí se localiza el cuarto de baño. De hecho, es la mejor localización para el baño y el sanitario. Esta área se relaciona con fuego y robo; por consiguiente, José tendría que asegurarse que las ventanas estén muy bien cerradas cuando sale de casa.

José agradeció el análisis del feng shui y ahora ha comprado algunos libros sobre el tema y planea estudiarlos en detalle. Estos libros están en un estante ubicado en el área de los seis shars. Dudo que José estudie feng shui hasta que se mude a un apartamento diferente.

Espero que estas evaluaciones le hayan mostrado el beneficio de usar dos sistemas distintos para evaluar un apartamento. Las aspiraciones pueden hacerse rápida y fácilmente sin equipo especial. Necesita una brújula y un plano preciso del apartamento para realizar la mayor parte del método de las ocho localizaciones. Juntos, le permitirán analizar y evaluar su apartamento y hacer los cambios necesarios.

9

Ubicación de los muebles

Ahora ya tiene conocimiento de la importancia del ch'i y su flujo suave y sin tropiezos a través del apartamento. Los muebles deben ser organizados teniendo en esto cuenta, ya que pueden bloquear o interrumpir dicho flujo de energía. Los muebles grandes son propensos a causar este problema. El mejor lugar para ellos es contra la pared.

Recientemente, fui llamado para aplicar el feng shui del apartamento de una anciana que vivía sola. Su pequeña vivienda estaba tan llena de muebles que le pregunté si era una comerciante de antigüedades. Ella dijo que en realidad los había heredado de varios parientes. Aunque los muebles eran hermosos, se convertían en corotos en el apartamento.

Las habitaciones deben tener espacios ocupados y vacíos. Esto provee un buen balance de energías yin y yang. Algunas habitaciones tienen la mayoría de los muebles a un sólo lado y crean una sensación de volcamiento o hundimiento (**Figura 9A**). Las piezas de los muebles deberán ser ubicadas de tal forma que la habitación conserve equilibrio.

Es buena idea dejar un espacio alrededor de cada mueble para que el ch'i pueda circular; esto se aplica incluso a las camas. Alguien a quien conozco durmió varios meses sobre

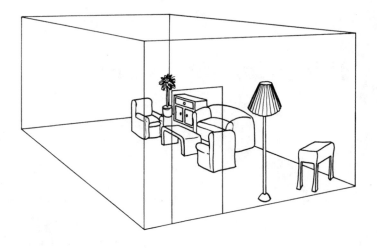

Figura 9A: Una habitación desbalanceada

un colchón en el apartamento de un amigo. El se sorprendió al sentir repentinamente más energía y vitalidad cuando volvió a dormir en una cama. Es esencial para el ch'i fluir bajo la cama y alrededor de ella, para que la persona que duerme lo haga placenteramente.

La dirección a la que mira la cama también es importante. Cuando esta apunta en dirección equivocada puede dar como resultado un considerable efecto adverso sobre las relaciones y carreras. Su cama debe dirigirse hacia una de sus direcciones positivas para obtener los mejores beneficios.

En el comedor, la mesa debe estar en proporción al tamaño de la habitación. Muchos apartamentos no tienen un comedor por separado, y esto es considerado bueno en el feng shui, debido a que los Chinos creen que si el comedor es completamente cerrado, las oportunidades financieras será restringidas. Por consiguiente, un área de comedor que sea parte de la sala es ideal desde el punto de vista del feng shui.

Esta área, más que cualquier otra, no deberá estar saturada de demasiados muebles. Las personas sentadas alrededor de la mesa deben poder salir de ella sin sentir restricciones de espacio.

Las mesas del comedor son normalmente rectangulares. Esto es bueno ya que la mayoría de áreas para comedor son también de esta forma. También son elecciones aceptables las mesas redondas, ovaladas o pa-kua. Los anfitriones y los invitados deberían sentarse en lados opuestos de la mesa rectangular; si hay un sólo anfitrión, es un gesto agradable invitar al huésped de honor a sentarse en el extremo de la mesa que mira hacia la entrada principal de la habitación.

En la sala ninguna silla o sofá debería tener su respaldo apuntando directamente hacia la entrada principal; ni ubicarse directamente bajo un travesaño o mirando hacia shars.

Las sillas y los sofás ganan apoyo con las paredes y se benefician al tener su respaldo sobre ellas. Las personas nunca se sienten cómodas cuando el respaldo de la silla en que están sentados mira hacia una ventana o puerta.

Estos muebles tampoco deben estar tan cerca uno del otro, pues quienes se sientan en ellos se sienten restringidos. La mesa de centro que esté muy próxima a las sillas y sofás puede también producir el mismo efecto. Tampoco deben ubicarse demasiado cerca a la chimenea; lo que se quiere es brindar un ambiente cálido a los invitados más no un intenso calor.

Es importante que la cabeza de la familia se siente en una posición donde pueda ver la entrada principal de la habitación (**Figura 9B**). Una posición que sea diagonal a esta entrada es conocida como la "posición de mando" y brinda autoridad y poder a quien se sienta ahí. En realidad, la entrada principal debería ser visible para la mayor cantidad posible de personas. Un espejo ubicado estratégicamente puede proveer esta visual a quienes se sientan con sus espaldas mirando hacia la puerta. Es un gesto cortés ofrecer la silla con la mejor perspectiva de la puerta a sus invitados. Sin embargo, úsela cuando no esté recibiendo visitantes (no obstante, recuerde usar las otras posiciones de vez en cuando, si quiere estimular la llegada de huéspedes).

Los muebles deben ser organizados para brindar confort y fácil comunicación. Cuando son rígidos o incómodos crean la sensación de intranquilidad e impiden una conversación relajada. Los muebles arreglados en forma semicircular, circular o pa-kua estimulan la comunicación. Los arreglos triangulares y en "L" crean un shar en forma de flecha. Sin embargo, esto no ocurre cuando el ordenamiento en "L" es ubicado contra dos paredes.

Ubique los objetos de uso frecuente donde pueda fácilmente alcanzarlos. Los adornos favoritos deben ser situados donde puedan ser vistos y apreciados. Las pinturas y fotografías deben colocarse donde puedan verse, ya sea que estemos de pie o sentados.

Las colecciones de objetos deberían ubicarse en una o dos áreas y no en toda la casa; no es bueno dar la sensación de que han sido dispersos alrededor del apartamento convirtiéndose en corotos.

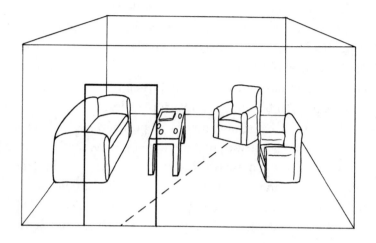

Figura 9B: La posición de mando

Los espejos pueden situarse casi en cualquier lugar. En la sala, pueden colocarse para reflejar la entrada a las personas que se sientan de espaldas a ella. Una posición común para un espejo es encima de la repisa de la chimenea. Los espejos se relacionan con la energía del agua, pues producen el mismo efecto de reflexión. Por consiguiente, un espejo encima de la chimenea equilibra la energía producida por el calor.

Pueden ser usadas lámparas para iluminar esquinas oscuras. Habrá momentos en que preferirá menos luz, pero generalmente necesitará que sus habitaciones estén bien claras. La luz puede usarse para crear una buena atmósfera, pero es además útil para estimular ch'i, y por eso la regla general es tener habitaciones lo más iluminadas posible.

Es buena idea comenzar el arreglo de la habitación con las piezas más importantes de los muebles. En la alcoba, por supuesto, nos referimos a la cama; en el comedor, la mesa es obviamente el objeto principal, como lo es el sofá en la sala. Una vez que haya encontrado la posición ideal, sus otros objetos pueden ubicarse con relación a ellos.

El centro del apartamento es la posición de la buena suerte. Cada habitación individualmente tiene también un centro de la buena suerte. Idealmente, esta área debería dejarse despejada para permitir que el ch'i circule libremente. La única excepción importante respecto de esto es el comedor; en este caso, el ch'i puede aun circular sin dificultad bajo, sobre y alrededor de la mesa.

10

Problemas del feng shui

Una de las cosas maravillosas del feng shui es que hay un remedio para prácticamente todo. En mi experiencia, el único problema que no pude solucionar fue el de una casa ubicada directamente bajo líneas eléctricas de alta tensión. Hay una creciente evidencia que los campos electromagnéticos producidos por las corrientes de energía que fluyen a través de estos cables causan una variedad de enfermedades mortales.[1] Yo le aconsejé a esta familia que se mudara a otra casa.

Afortunadamente, el anterior es un caso extremo. La mayoría de nosotros podemos mejorar el feng shui de nuestros apartamentos usando remedios para eliminar shars y perfeccionar el equilibrio y la armonía de nuestro ambiente.

Obviamente, lo primero por hacer es protegernos de cualquier shar que pueda dirigirse al apartamento o al edificio que lo contiene.

Los shars sólo avanzan en líneas rectas. Por consiguiente, pueden ser desviados de diversas maneras. Por ejemplo, si usted es el dueño del apartamento, podría cambiar el ángulo de la puerta frontal para desviar un posible shar. De hecho, este es un remedio extremo, pero es efectivo en casos de shars potentes como un gran edificio que esté directamente frente a su entrada principal.

Un remedio menos extremo sería construir una pared, plantar árboles o un seto para dejar el shar fuera de vista. En el feng shui un shar deja de existir al no poder ser visto. De hecho, los árboles toman tiempo en crecer, así que también necesitará usar un espejo pa-kua hasta que el shar sea ocultado. Asegúrese de escoger árboles permanentes de hojas anchas. Un sólo árbol puede convertirse en shar si alguna de sus ramas apunta directamente hacia su entrada principal; por consiguiente, debería plantar varios árboles.

A propósito, cuando estos son plantados detrás del edificio proveen de apoyo a todo el que viva dentro de él.

El espejo pa-kua es un remedio poderoso del feng shui. Los espejos son normalmente pasivos y yin; sin embargo, un pa-kua gana fortaleza de los triagramas que lo rodean, es yang y enérgico. Si es ubicado encima de la puerta enviará el shar de regreso a donde se originó.

El año pasado vi en venta en Hong Kong algunas decoraciones interesantes para puertas frontales. Consistían de una ilustración de feng shui que mostraba montañas, valles y arroyos. Además, incorporado en su diseño estaba un espejo pa-kua para contrarrestar shars. Estas decoraciones eran pegadas a la puerta frontal y lucían bastante atractivas. Sólo mirándolas detalladamente se podría advertir la presencia del espejo pa-kua.

Después de evaluar la entrada principal del edificio, observe la entrada principal de su apartamento. Obviamente, usted no puede construir una pared o plantar árboles si su apartamento está varios pisos arriba. No obstante, puede usar un espejo pa-kua como remedio; haga esto si su entrada mira hacia esquinas, ascensores o escaleras descendentes.

Las puertas dentro de su apartamento pueden ser usadas para mejorar el feng shui. Recordará que usamos la forma del pa-kua para obtener las ocho direcciones. La dirección a la que apunta cada puerta del apartamento tiene un significado específico. Naturalmente, si quiere conseguir los beneficios de una dirección particular, tendrá que utilizar la puerta regularmente y activarle el ch'i.

Una puerta que mira hacia el Sur se relaciona con el elemento fuego y con la fama. Usela con frecuencia si desea mejorar su reputación y estatus en la comunidad. Hay varias formas de activar esta área; puede aumentar la luz, exponer algo de color rojo o usar macetas con plantas o flores frescas.

Una puerta apuntando hacia el Suroeste se asocia con el elemento tierra y trae el potencial para una excelente relación. Este sector puede activarse con cerámica u objetos de alfarería o cualquier cosa que sea de color rojo. Una amiga mía usaba una potente luz roja en esta puerta cuando buscaba una relación nueva; ahora está casada y esperando su primer hijo.

Una puerta que mira hacia el Oeste se relaciona con el elemento metal y con los niños. Esta es la dirección ideal a la que deben mirar las puertas de las alcobas de los niños, que pueden activarse con campanas de viento metálicas, cristales, porcelanas u otras cerámicas.

Una puerta que apunta hacia el Noroeste se relaciona con el elemento metal, los mentores y los viajes. Esta área puede activarse con metales, cristales o cerámicas.

Una puerta mirando hacia el Norte se asocia con el elemento agua y con la carrera. Si quiere progresar más en su profesión debería usar esta puerta el mayor tiempo posible. También puede activarla colgando cerca a ella campanas de viento metálicas (el metal crea agua). Podría tener también un acuario o fuente pequeña a lado de dicha puerta.

Una puerta que mira hacia el Noreste está relacionada con el elemento tierra. Además se relaciona con el aprendizaje y el conocimiento. Esta dirección es altamente positiva para un estudio o para las alcobas de los niños. Puede ser activada con luces brillantes o algo rojo (ya que el fuego crea tierra). También pueden usarse cerámicas o alfarería.

Una puerta que apunta hacia el Este se asocia con la madera, la familia y los amigos íntimos. Sería imposible encontrar una mejor dirección a la que mire la puerta que guía hacia la habitación de la familia. Esta área puede ser mejorada con agua, pues esta crea la madera. Por consiguiente, un acuario o fuente mejoraría esta localización. Además pueden ayudar a estimular esta puerta las plantas colgantes o en macetas.

Una puerta que apunta hacia el Sureste puede traer recompensas económicas. Se relaciona con el elemento madera. Puede mejorar los efectos de ella usando plantas en macetas, flores o un acuario.

Es mejor que las puertas abran hacia el lado más ancho de la habitación, y queden paralelas a dicha pared. Ellas están para ser usadas; si encuentra que algunas nunca las utilizará, empiece a hacerlas útiles o hágalas desaparecer simbólicamente colgando un espejo sobre ellas. Las puertas que no se usan pueden causar mala suerte; por consiguiente, si un miembro de la familia está lejos y su habitación se mantiene cerrada, debería abrirse y cerrarse una o dos veces al día para así activarla.

Usted podría encontrar que ciertas habitaciones en su apartamento son menos acogedoras que otras; es posible que esto se deba a que no haya un equilibrio de yin y yang en ellas. Observe si hay balance de luz y sombra, muebles y espacio, y si tales muebles están todos a un sólo lado de la habitación. A todo el apartamento debería examinárcele el balance yin-yang. Debe tener unas habitaciones sosegadas y otras para actividades de mayor movimiento. Algunas habitaciones deben ser fuertemente iluminadas mientras otras necesitan luces más tenues.

También puede usar los cinco elementos para ayudar a armonizar y balancear su apartamento. Cada elemento corresponde a una de las ocho direcciones:

Sur	=	fuego
Suroeste	=	tierra
Oeste	=	metal
Noroeste	=	metal
Norte	=	agua
Noreste	=	tierra
Este	=	madera
Sureste	=	madera

Debería tener estos elementos en mente cuando decida hacer cambios a ciertas partes de su vivienda. Por ejemplo, el Suroeste y el Noreste serían las peores direcciones para tener un acuario, ya que en el ciclo destructivo de los elementos, la tierra domina al agua.

Las lámparas son un remedio extremadamente importante en el feng shui. Pueden usarse para iluminar esquinas oscuras donde el ch'i tiende a estancarse. Nosotros tenemos un lobby de entrada oscuro y por eso mantenemos las luces prendidas a todo momento en esta área para atraer todo el ch'i posible a nuestros hogares. Las luces fuertes atraen el ch'i sin importar donde estén ubicadas. Sin embargo, es más importante atraer energía ch'i a la entrada principal que a cualquier otra parte.

Los candelabros y cristales colgantes sirven para varios propósitos; no sólo lucen atractivos sino que también atraen ch'i y lo refleja hacia todas las direcciones. El mejor sitio para un candelabro es el centro del apartamento, que es la localización de la buena suerte. Los candelabros también funcionan bien en la parte Sur, Suroeste y Noreste del apartamento.

Los espejos son probablemente más usados que cualquier otro remedio en el feng shui. Ellos pueden doblar simbólicamente cualquier cosa que reflejen. Por consiguiente, son muy útiles en el comedor para reflejar la comida que está sobre la mesa. Pueden ser usados para reflejar la luz y hacer que las habitaciones parezcan más grandes de lo que realmente son. Esto es particularmente útil cuando el área de lobby es pequeña o muy angosta. Los espejos pueden completar simbólicamente habitaciones de forma irregular y hacerlas ver cuadradas o rectangulares; también pueden usarse para reflejar una hermosa vista exterior, llevándola efectivamente hacia adentro de la casa.

El único lugar donde los espejos deben ser usados con cuidado es en la alcoba. No deben mirar hacia la cama, particularmente al extremo inferior. La explicación tradicional de esto es que pueden hacer que quien ocupa la cama se asuste al despertar en la noche viendo su reflejo. Igualmente, esta ubicación es también a menudo relacionada con problemas matrimoniales.

Los espejos deberían ser tan grandes como sea posible; los pequeños cortan simbólicamente la cabeza y los pies de las personas.

Las campanas de viento producen sonidos placenteros con la brisa. Esto nos indica que el ch'i está fluyendo. Estas campanas son muy populares en Oriente, pues se cree que traen buena suerte y dinero a quien las posee.

Pueden ser hechas de una variedad de materiales tales como el metal, bambú, vidrio y cerámica. Las metálicas pueden pintarse para representar cualquiera de los elementos. Algunos practicantes del feng shui dicen que las campanas de viento deben usarse sólo fuera de la casa, pero la mayoría está de acuerdo que pueden colocarse adentro también. El Oeste y Noroeste son buenas direcciones para colgar campanas metálicas ya que se relacionan obviamente con el elemento metal. Las de bambú deberían ser colgadas en el Este y Sureste, pues representan el elemento madera; también pueden ubicarse en el Sur debido a que la madera crea el fuego (sin embargo, no cuelgue campanas metálicas en el Este o Sureste porque el metal destruye la madera en el ciclo destructivo de los elementos).

Las flores siempre son alegres y estimulan el ch'i. Plantas en macetas y flores frescas son lo mejor para los apartamentos. Recuerde que las flores muertas crean ch'i negativo, así que deséchelas tan pronto empiecen a marchitarse. Las flores artificiales también pueden ser usadas, y son una buena alternativa para personas ocupadas. Asegúrese de mantenerlas limpias, pues no deseará que produzcan ch'i estancado y negativo. Las flores secas no son buenas desde el punto de vista del feng shui ya que toda el agua en ellas ha sido removida.

Todas las demás flores son buenas y entre más coloridas mejor. Hay cinco que tienen significados especiales en el feng shui, y se cree que son particularmente beneficiosas.[2]

La peonia representa amor, riqueza y honor. Se cree que cuando está floreciendo estimula la riqueza.

El crisantemo es la flor de la felicidad; simboliza confort y relajación. Las peonias y los crisantemos se ven comúnmente en las celebraciones de fin de año en la China.

Las magnolias blancas y **las orquídeas** representan feminidad, buen gusto y serenidad.

El loto, la flor sagrada de los Budistas, representa pureza. Esto no es sorprendente pues el hermoso loto se levanta desde el lodo y se ubica triunfante sobre la superficie del agua.

Todas las plantas crean ch'i y ayudan a traer armonía y equilibrio al hogar. Las mejores localizaciones para ellas están en las direcciones Este, Sureste y Norte, pues se relacionan con los elementos madera y agua.

También pueden usarse para eliminar los shars causados por esquinas agudas. Varios amigos míos tienen una planta colgante que rodea una columna cuadrada en la entrada de la sala. La planta es saludable, atractiva y hace que un potencial shar desaparezca.

Los acuarios y fuentes pequeñas se ven muy bien en una habitación, y al mismo tiempo aumentan la riqueza de sus ocupantes. El agua simboliza riqueza y abundancia; agua fluyendo suavemente también produce calma y serenidad. Sin embargo, no debería usarla en la parte Sur de su apartamento pues el agua y el fuego no son compatibles. Lo contrario se aplica en el Norte. Un acuario en esta localización le ayudará a progresar más rápidamente en su carrera. También son buenas posiciones para ubicarlo el Oeste y Noroeste, ya que el metal crea agua. Igualmente, el Este y Sureste son también positivos debido a que el agua produce madera.

Animales de vidrio, cerámica, piedra o metal son también usados en el feng shui. Los animales feroces tales como el león, el tigre y aves de rapiña son ubicados generalmente fuera del edificio para proveerle protección simbólica. Esta es la razón por la que a veces vemos un par de leones situados a cada lado de la entrada principal de un edificio. Animales más pequeños y menos violentos como la tortuga y el conejo se encuentran con frecuencia adentro (la tortuga representa longevidad y el conejo fertilidad). Mi madre tiene una colección de gallinas que le dan un gran placer. Coleccionar animales pequeños puede ser muy divertido y provee protección simbólica a la casa.

11

Conclusión

El objetivo del feng shui es balancear y armonizar su vida. Usted es único; su casa no es exactamente igual a ninguna otra. El plano del piso podría ser idéntico a algún otro, incluso los muebles podrían ser los mismos, pero usted arregla su hogar de acuerdo a su personalidad. La forma en que organiza sus muebles, la elección de sus decoraciones y adornos, la manera en que los ubica, la cantidad de aire fresco que permite entrar y muchos otros aspectos hacen su apartamento distinto a cualquier otro.

Lo más posible es que esté feliz de la forma en que ha arreglado su apartamento. Probablemente hay unas pocas cosas que desearía cambiar, pero en general estará contento con su apartamento.

Sin embargo, aplicando las "finas modificaciones" del feng shui a lo que ya ha hecho, puede ser aun más feliz en su hogar. Una vez que lo haga, encontrará que todos los aspectos de su vida mejorarán, porque estará expresando esta armonía y equilibrio en cualquier parte donde esté.

Gaste un poco de su tiempo haciendo los cambios del feng shui. Es bueno realizar un cambio a la vez; de esta manera puede evaluar lo que sucede después que se ha hecho. Luego de unas pocas semanas, haga una nueva modificación; haciendo esto probará por sí mismo que el feng shui realmente funciona.

De ahí en adelante, no volverá a ver el mundo como antes. Su relación con cada ambiente en el que se encuentre será mejor. Su vida mejorará en muchos aspectos mientras aprende a traer más ch'i beneficioso a su mundo.

Produzca lo mayor cantidad posible de esta maravillosa energía; úsela para vivir la vida que realmente desea.

Apéndice 1

Elementos y señales para los años
1900 a 2000

Elemento	Señal	Año
Metal	Rata	Ene. 31, 1900 a Feb. 18, 1901
Metal	Buey	Feb. 19, 1901 a Feb. 7, 1902
Agua	Tigre	Feb. 8, 1902 a Ene. 28, 1903
Agua	Conejo	Ene. 29, 1903 a Feb. 15, 1904
Madera	Dragón	Feb. 16, 1904 a Feb. 3, 1905
Madera	Serpiente	Feb. 4, 1905 a Ene. 24, 1906
Fuego	Caballo	Ene. 25, 1906 a Feb. 12, 1907
Fuego	Oveja	Feb. 13, 1907 a Feb. 1, 1908
Tierra	Mono	Feb. 2, 1908 a Ene. 21, 1909
Tierra	Gallo	Ene. 22, 1909 a Feb. 9, 1910
Metal	Perro	Feb. 10, 1910 a Ene. 29, 1911
Metal	Cerdo	Ene. 30, 1911 a Feb. 17, 1912
Agua	Rata	Feb. 18, 1912 a Feb. 5, 1913

Agua	Buey	Feb. 6, 1913 a Ene. 25, 1914
Madera	Tigre	Ene. 26, 1914 a Feb. 13, 1915
Madera	Conejo	Feb. 14, 1915 a Feb. 2, 1916
Fuego	Dragón	Feb. 3, 1916 a Ene. 22, 1917
Fuego	Serpiente	Ene. 23, 1917 a Feb. 10, 1918
Tierra	Caballo	Feb. 11, 1918 a Ene. 31, 1919
Tierra	Oveja	Feb. 1, 1919 a Feb. 19, 1920
Metal	Mono	Feb. 20, 1920 a Feb. 7, 1921
Metal	Gallo	Feb. 8, 1921 a Ene. 27, 1922
Agua	Perro	Ene. 28, 1922 a Feb. 15, 1923
Agua	Cerdo	Feb. 16, 1923 a Feb. 4, 1924
Madera	Rata	Feb. 5, 1924 a Ene. 24, 1925
Madera	Buey	Ene. 25, 1925 a Feb. 12, 1926
Fuego	Tigre	Feb. 13, 1926 a Feb. 1, 1927
Fuego	Tigre	Feb. 2, 1927 a Ene. 22, 1928
Tierra	Dragón	Ene. 23, 1928 a Feb. 9, 1929
Tierra	Serpiente	Feb. 10, 1929 a Ene. 29, 1930
Metal	Caballo	Ene. 30, 1930 a Feb. 16, 1931
Metal	Oveja	Feb. 17, 1931 a Feb. 5, 1932
Agua	Mono	Feb. 6, 1932 a Ene. 25, 1933
Agua	Gallo	Ene. 26, 1933 a Feb. 13, 1934
Madera	Perro	Feb. 14, 1934 a Feb. 3, 1935
Madera	Cerdo	Feb. 4, 1935 a Ene. 23, 1936
Fuego	Rata	Ene. 24, 1936 a Feb. 10, 1937
Fuego	Buey	Feb. 11, 1937 a Ene. 30, 1938
Tierra	Tigre	Ene. 31, 1938 a Feb. 18, 1939
Tierra	Conejo	Feb. 19, 1939 a Feb. 7, 1940
Metal	Dragón	Feb. 8, 1940 a Ene. 26, 1941
Metal	Serpiente	Ene. 27, 1941 a Feb. 14, 1942
Agua	Caballo	Feb. 15, 1942 a Feb. 4, 1943
Agua	Oveja	Feb. 5, 1943 a Ene. 24, 1944

Madera	Burro	Ene. 25, 1944 a Feb. 12, 1945
Madera	Gallo	Feb. 13, 1945 a Feb. 1, 1946
Fuego	Perro	Feb. 2, 1946 a Ene. 21, 1947
Fuego	Cerdo	Ene. 22, 1947 a Feb. 9, 1948
Tierra	Rata	Feb. 10, 1948 a Ene. 28, 1949
Tierra	Buey	Ene. 29, 1949 a Feb. 16, 1950
Metal	Tigre	Feb. 17, 1950 a Feb. 5, 1951
Metal	Conejo	Feb. 6, 1951 a Ene. 26, 1952
Agua	Dragón	Ene. 27, 1952 a Feb. 13, 1953
Agua	Serpiente	Feb. 14, 1953 a Feb. 2, 1954
Madera	Caballo	Feb. 3, 1954 a Ene. 23, 1955
Madera	Oveja	Ene. 24, 1955 a Feb. 11, 1956
Fuego	Mono	Feb. 12, 1956 a Ene. 30, 1957
Fuego	Gallo	Ene. 31, 1957 a Feb. 17, 1958
Tierra	Perro	Feb. 18, 1958 a Feb. 7, 1959
Tierra	Cerdo	Feb. 8, 1959 a Ene. 27, 1960
Metal	Rata	Ene. 28, 1960 a Feb. 14, 1961
Metal	Buey	Feb. 15, 1961 a Feb. 4, 1962
Agua	Tigre	Feb. 5, 1962 a Ene. 24, 1963
Agua	Conejo	Ene. 25, 1963 a Feb. 12, 1964
Madera	Dragón	Feb. 13, 1964 a Feb. 1, 1965
Madera	Serpiente	Feb. 2, 1965 Ene. 20, 1966
Fuego	Caballo	Ene. 21, 1966 a Feb. 8, 1967
Fuego	Oveja	Feb. 9, 1967 a Ene. 29, 1968
Tierra	Mono	Ene. 30, 1968 a Feb. 16, 1969
Tierra	Gallo	Feb. 17, 1969 a Feb. 5, 1970
Metal	Perro	Feb. 6, 1970 a Ene. 26, 1971
Metal	Cerdo	Ene. 27, 1971 a Ene. 15, 1972
Agua	Rata	Ene. 16, 1972 a Feb. 2, 1973
Agua	Buey	Feb. 3, 1973 a Ene. 22, 1974
Madera	Tigre	Ene. 23, 1974 a Feb. 10, 1975

Madera	Conejo	Feb. 11, 1975 a Ene. 30, 1976
Fuego	Dragón	Ene. 31, 1976 a Feb. 17, 1977
Fuego	Serpiente	Feb. 18, 1977 a Feb. 6, 1978
Tierra	Caballo	Feb. 7, 1978 a Ene. 27, 1979
Tierra	Oveja	Ene. 28, 1979 a Feb. 15, 1980
Metal	Mono	Feb. 16, 1980 a Feb. 4, 1981
Metal	Gallo	Feb. 5, 1981 a Ene. 24, 1982
Agua	Perro	Ene. 25, 1982 a Feb. 12, 1983
Agua	Cerdo	Feb. 13, 1983 a Feb. 1, 1984
Madera	Rata	Feb. 2, 1984 a Feb. 19, 1985
Madera	Buey	Feb. 20, 1985 a Feb. 8, 1986
Fuego	Tigre	Feb. 9, 1986 a Ene. 28, 1987
Fuego	Conejo	Ene. 29, 1987 a Feb. 16, 1988
Tierra	Dragón	Feb. 17, 1988 a Feb. 5, 1989
Tierra	Serpiente	Feb. 6, 1989 a Ene. 26, 1990
Metal	Caballo	Ene. 27, 1990 a Feb. 14, 1991
Metal	Oveja	Feb. 15, 1991 a Feb. 3, 1992
Agua	Mono	Feb. 4, 1992 a Ene. 22, 1993
Agua	Gallo	Ene. 23, 1993 a Feb. 9, 1994
Madera	Perro	Feb. 10, 1994 a Ene. 30, 1995
Madera	Cerdo	Ene. 31, 1995 a Feb. 18, 1996
Fuego	Rata	Feb. 19, 1996 a Feb. 6, 1997
Fuego	Buey	Feb. 7, 1997 a Ene. 27, 1998
Tierra	Tigre	Ene. 28, 1998 a Feb. 15, 1999
Tierra	Conejo	Feb. 16, 1999 a Feb. 4, 2000
Metal	Dragón	Feb. 5, 2000

Apéndice 2

Triagrama personal para el año de nacimiento

Chien

Masculino: 1913, 1922, 1931, 1940, 1949, 1958, 1967, 1976, 1985, 1994

Femenino: 1919, 1928, 1937, 1946, 1955, 1964, 1973, 1982, 1991

Tui

Masculino: 1912, 1921, 1930, 1939, 1948, 1957, 1966, 1975, 1984, 1993

Femenino: 1911, 1920, 1929, 1938, 1947, 1956, 1965, 1974, 1983, 1992

Li

Masculino: 1910, 1919, 1928, 1937, 1946, 1955, 1964, 1973, 1982, 1991
Femenino: 1913, 1922, 1931, 1940, 1949, 1958, 1967, 1976, 1985, 1994

Chen

Masculino: 1916, 1925, 1934, 1943, 1952, 1961, 1970, 1979, 1988, 1997
Femenino: 1916, 1925, 1934, 1943, 1952, 1961, 1970, 1979, 1988, 1997

Sun

Masculino: 1915, 1924, 1933, 1942, 1951, 1960, 1969, 1978, 1987, 1996
Femenino: 1917, 1926, 1935, 1944, 1953, 1962, 1971, 1980, 1989, 1998

K'an

Masculino: 1918, 1927, 1936, 1945, 1954, 1963, 1972, 1981, 1990, 1999
Femenino: 1914, 1923, 1932, 1941, 1950, 1959, 1968, 1977, 1986, 1995

Ken

Masculino: 1911, 1920, 1929, 1938, 1947, 1956, 1965, 1974, 1983, 1992

Femenino: 1918, 1921, 1927, 1930, 1936, 1939, 1945, 1948, 1954, 1957, 1963, 1966, 1972, 1975, 1981, 1984, 1990, 1993, 1999

K'un

Masculino: 1914, 1917, 1923, 1926, 1932, 1935, 1941, 1944, 1950, 1953, 1959, 1962, 1968, 1971, 1977, 1980, 1986, 1989, 1995, 1998

Femenino: 1915, 1924, 1933, 1942, 1951, 1960, 1969, 1978, 1987, 1996

Notas

Capítulo 1

1. Autor anónimo. Lyall Watson, *Earthworks* (Hodder and Stoughton Limited, Londres, 1986), 96.

Capítulo 3

1. Lou-pans en idioma Inglés pueden ser obtenidos del American Feng Shui Institute, 108 North Ynez Avenue, Ste. # 202, Monterey Park, CA 91754.

Capítulo 5

1. Lillian Too, *Applied Pa-Kua and Lo-Shu Feng Shui* (Malaysia: Konsep Books, 1993), 69.

Capítulo 10

1. Richard Webster, *Dowsing for Beginners* (St. Paul: Llewellyn Publications, 1996), 110-112.

2. Richard Webster, *Feng Shui for Beginners* (St. Paul: Llewellyn Publications, 1997), 103.

Glosario

Ciclo de destrucción— Los cinco elementos de la astrología China pueden ser arreglados en una variedad de formas. En el ciclo de destrucción, son organizados de tal manera que cada elemento domina al elemento que sigue en el ciclo: el fuego funde el metal, el metal destruye la madera, la madera utiliza la tierra, la tierra represa y bloquea el agua y el agua apaga el fuego.

Ciclo de producción— Los cinco elementos de la astrología China pueden arreglarse de diferentes maneras. En el ciclo de producción, son organizados de tal forma que cada elemento ayuda a crear y apoyar el elemento que sigue en el ciclo: el fuego produce tierra, la tierra produce metal, el metal se licúa (simbólicamente produce agua), el agua alimenta y crea madera, y la madera arde y crea fuego.

Cuadrado mágico— Un cuadrado mágico consiste de una serie de números arreglados en una cuadrícula de tal manera que la suma de los dígitos en cada fila, ya sea horizontal, vertical o diagonal de como resultado el mismo total. El cuadrado mágico más famoso es el que encontró Wu de Hsia, marcado sobre el caparazón de una tortuga que salió del Río amarillo hace 5000 años. Este descubrimiento llevó a la creación del feng shui, el I Ching, la astrología y numerología China.

Ch'i— Es la energía universal o fuerza vital que es encontrada en todo lo viviente. A veces se refiere al "respiro cósmico" o "aliento del dragón". En el Taoísmo, el cosmos se considera lleno de vida, y que constantemente crea y utiliza energía ch'i. Atrayendo y activando esta energía, puede llegar a nosotros la buena fortuna, longevidad y felicidad.

Cinco elementos, los— Los cinco elementos de la astrología China son usados extensivamente en el feng shui. Ellos son fuego, tierra, metal, agua y madera. Cada uno posee un tipo diferente de energía, y la combinación de los cinco es muy importante en el feng shui. En una carta astrológica China, usted encontraría todos o la mayoría de estos elementos en su perfil. El astrólogo mira la proporción de cada elemento para determinar su personalidad. En el feng shui, usamos principalmente el elemento que se relaciona con el año de nacimiento de la persona.

Cuatro Casas del Este, las— El pa-kua indica las ocho direcciones que están divididas en dos grupos: las Cuatro Casas del Oeste y las Cuatro Casas del Este. Estas últimas contienen los siguientes triagramas: Li representa el Sur; K'an representa el Norte; Chen representa el Este y Sun se relaciona con el Sureste. Si su puerta trasera mira hacia cualquiera de estas direcciones, su apartamento pertenece al grupo de las Cuatro Casas del Este.

Cuatro Casas del Oeste, las— El pa-kua indica ocho direcciones que se dividen en dos grupos: las Cuatro Casas del Este y las Cuatro Casas del Oeste. Estas últimas son Chien, que representa el Noroeste; K'un representa el Suroeste; Ken representa el Noreste y Tui se relaciona con el Oeste. Si la puerta trasera de su vivienda apunta a cualquiera de estas direcciones, significa que su apartamento pertenece al grupo de las Cuatro Casas del Oeste.

Escuela de la Brújula— Hay dos escuelas principales en el feng shui. La Escuela de la Brújula utiliza este instrumento, el pa-kua, los ocho triagramas del I Ching y la astrología China para su desarrollo. Es más técnica y matemática que la Escuela de Forma. En la práctica la mayoría de seguidores del feng shui usan una combinación de las dos escuelas cuando hacen sus valoraciones.

Escuela de Forma— Esta escuela, la más antigua, mira la geografía del entorno cuando hace sus valoraciones. La forma y orientación de las colinas, montañas, ríos y arroyos se evalúan cuidadosamente para determinar la posición con abundancia de ch'i positivo.

Esquina de la fortuna— Es la esquina más lejana visible desde la entrada frontal de su apartamento. Esta posición es considerada de buena suerte, y es perfecta para ubicar algo que represente su elemento personal o el elemento que lo precede en el ciclo de producción.

Feng shui— Es el arte de vivir en armonía con la naturaleza. Feng shui literalmente significa "viento y agua".
Si vivimos en armonía con el agua, el viento y los
demás elementos en la tierra, llevaremos una vida
llena de abundancia y felicidad.

Pa-kua— Es un símbolo de ocho lados que se usa en gran
parte como talismán protector. Usualmente contiene un
espejo o el símbolo del yin-yang en el centro. Alrededor
de él están organizados los ocho triagramas del I Ching.
Podemos usar el pa-kua para determinar nuestras direcciones y localizaciones propicias y desfavorables.

Remedios— Los remedios o "curas" se usan para modificar
o eliminar los efectos dañinos de los shars. Un espejo pa-
kua, por ejemplo, puede ser utilizado como remedio
para enviar un shar de regreso a su lugar de origen. Un
simple seto puede servir para el mismo propósito si deja
fuera de vista al shar.

Shars— Son líneas rectas de energía negativa que poseen un
potencial de mala suerte y desgracia. Son conocidos frecuentemente como "flechas venenosas". Una vía o
camino en línea recta que avanza directamente a la
entrada principal de su apartamento sería considerado
un shar. Si un edificio forma un ángulo que apunta
directamente a otra edificación, las dos paredes que
miran en dicha dirección crean una flecha que podría ser
también considerada un shar.

Yin y yang— Representan los dos opuestos en la filosofía Taoísta. Sin embargo, son complementarios en lugar de opuestos, y no pueden existir el uno sin el otro. La noche y el día son un ejemplo perfecto: sin la noche, no podría haber día. Otras parejas yin/yang son corto y largo, femenino y masculino, negativo y positivo, contracción y expansión, etc. Este concepto se originó cuando en la antigüedad observaron los dos lados de una montaña; llamaron al lado norte y oscuro yin, y al lado sur y soleado yang. Esta visión dualista del universo juega un papel importante en el feng shui.

Bibliografía

Chuen, Master Lam Kam. *Feng Shui Handbook*. London: Gaia Books Limited, and New York: Henry Holt and Co., 1996.

Heann-Tatt, Ong. *The Chinese Pakua*. Malaysia: Pelanduk Publications, 1991.

Kaptchuk, Ted J. *The Web That Has No Weaver*. New York: Congdon and Weed, Inc., 1983.

de Kermadec, Jean-Michel Huon. *The Way to Chinese Astrology: The Four Pillars of Destiny*. Translated by N. Derek Poulsen. London: Unwin Paperbacks, 1983.

Kingston, Karen. *Creating Sacred Space with Feng Shui*. London: Judy Piatkus (Publishers) Limited, 1997.

Lin, Jami. ed. *Contemporary Earth Design: A Feng Shui Anthology*. Miami, FL: Earth Design Inc., 1997.

Low, Albert. *Practical Feng Shui for the Home*. Malaysia: Pelanduk Publications, 1995.

Stevens, Keith. *Chinese Gods*. London: Collins and Brown Limited, 1997.

Too, Lillian. *Feng Shui*. Malaysia: Konsep Lagenda Sdn Bhd., 1993.

———. *Practical Applications of Feng Shui*. Malaysia: Konsep Lagenda Sdn Bhd., 1994.

Tsuei, Wei. *Roots of Chinese Culture and Medicine*. Malaysia: Pelanduk Publications, 1992.

Watson, Lyall. *Earthworks*. London: Hodder and Stoughton Limited, 1986.

Webster, Richard. *Feng Shui for Beginners*. St. Paul, MN: Llewellyn Publications, 1997.

———. *Dowsing for Beginners*. St. Paul, MN: Llewellyn Publications, 1996.

Wong, Eva. *Feng-shui*. Boston, MA: Shambhala Publications, Inc., 1996.

Índice

D

LLEWELLYN ESPAÑOL

FENG SHUI para la casa
RICHARD WEBSTER

FENG SHUI para el éxito y la felicidad
RICHARD WEBSTER

ÂNGELORUM
El libro de los ángeles
MIGENE GONZÁLEZ-WIPPLER

LA MAGIA DE LA AROMATERAPIA

CHAKRAS para Principiantes
David Pond

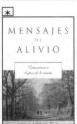
MENSAJES DE ALIVIO

EL LIBRO COMPLETO DE MAGIA, HECHIZOS, Y CEREMONIAS
MIGENE GONZÁLEZ-WIPPLER

SANTERÍA La Religión
MIGENE GONZÁLEZ-WIPPLER

EL PODER ESPIRITUAL DE LA MUJER
DIANE STEIN

Aromaterapia
Ann Berwick

Interprete Sus manos
Linda Domin

¿EXISTE LA REENCARNACIÓN?

CABALA PARA EL MUNDO MODERNO
MIGENE GONZÁLEZ WIPPLER

Auto HIPNOSIS PARA UNA VIDA MEJOR
William W. Hewitt

Cómo Descubrir sus Vidas Pasadas
Ted Andrews

SALUD FÍSICA Y ESPIRITUAL
el milagro de la curación
Dr. Bruce Goldberg

SANTERÍA
MIGENE GONZÁLEZ WIPPLER
MIS EXPERIENCIAS EN LA RELIGIÓN

Los Arcangeles

MICHAEL NEWTON, PH.D.
DESTINO DE LAS ALMAS
UN ETERNO CRECIMIENTO ESPIRITUAL

PRINCIPIOS DE LA NUMEROLOGÍA

BUCKLAND
WICCA
RAYMOND BUCKLAND

Brujería de Hoy
QUÉ ES LA WICCA?

CONTACTO con extraterrestres
la invasión silenciosa

Numerología
Margaret Arnold

Fuego Angelical
doña carolina da silva

lecturas para la mente y el espíritu...

FENG
SHUI
para
la casa

RICHARD
WEBSTER

Richard Webster

FENG SHUI PARA LA CASA

Aprenda cómo transformar su hogar en una
fuente de felicidad y prosperidad. Al realizar
cambios sencillos, podrá atraer las fuerzas de
la naturaleza hacia usted para llevar una vida
llena de salud, riqueza y felicidad. Ponga en
práctica esa antigüa costumbre china y verá
como el bienestar se apodera de usted.

5³⁄₁₆" x 8¼" • **176 pgs.**

1-56718-810-9

FENG

SHUI

para el
éxito y la
felicidad

RICHARD
WEBSTER

Richard Webster
**FENG SHUI PARA EL ÉXITO
Y LA FELICIDAD**

Si hay algún aspecto en su vida que no lo haga
feliz, mejórelo atravéz del feng shui.
Obtenga mayor energía y vitalidad, determine
sus cuatro aspectos negativos y positivos.
Descubra los remedios para la felicidad de
Lao–Tzu y Confucio.

5³⁄₁₆" x 8¼" • **168 pgs.**

1-56718-820-6

Gwydion O'Hara

LA MAGIA DE LA AROMATERAPIA

Usted también puede aprender cómo mezclar
los aceites esenciales con propósitos específicos.
Desde aplicaciones terapéuticas para dar masa-
jes, remedios para aliviar el dolor o mejorar la
memoria, hasta aplicaciones mágicas para el
amor y la prosperidad.

6" x 9" • 312 pgs.

1-56718-507-X

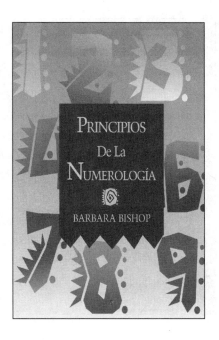

Barbara J. Bishop

PRINCIPIOS DE LA NUMEROLOGÍA

Cada carta y número tiene un poder y vibraciónes particulares. Conozca el significado
escondido en los números y participe activamente en su descubrimiento personal.

7½" x 9⅛" • 240 pgs.

1-56718-071-X

LLEWELLYN ESPAÑOL

Louis E. LaGrand, PH.D.

MENSAJES DE ALIVIO

Esta investigación explora las razones de
la comunicación después de la muerte y
el beneficio obtenido por parte de aquellos que han perdido a sus seres queridos.

6" x 9" • 360 pgs.

1-56718-415-4

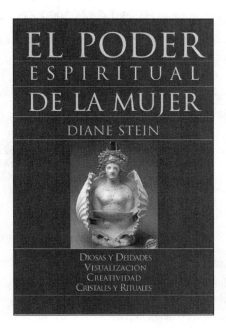

Diane Stein

EL PODER ESPIRITUAL DE LA MUJER

Es un libro de habilidades e ideas, un
texto mágico para la Diosa que cada
mujer lleva dentro. Explore rituales,
estructuras de grupo, trabajos individuales. la Luna y la rueda del año, curación,
cristales, el tarot y el I Ching.

6" x 9" • 264 pgs.

1-56718-675-0